时间的力量

从北沟看乡村振兴的长期主义实践

秦剑锋 —— 著

图书在版编目（CIP）数据

时间的力量：从北沟看乡村振兴的长期主义实践 /

秦剑锋著 . —— 北京：研究出版社，2025. 2. —— ISBN 978–7–5199–1819–4

Ⅰ . F327.13

中国国家版本馆 CIP 数据核字第 2024FN8041 号

出 品 人：陈建军
出版统筹：丁　波
责任编辑：张　璐

时间的力量：从北沟看乡村振兴的长期主义实践

SHIJIANDELILIANG

秦剑锋　著

研究出版社　出版发行

（100006　北京市东城区灯市口大街 100 号华腾商务楼）

北京中科印刷有限公司　新华书店经销

2025 年 2 月第 1 版　2025 年 2 月第 1 次印刷

开本：710 毫米 ×1000 毫米　1/16　印张 18.5

字数：206 千字

ISBN 978–7–5199–1819–4　定价：128.00 元

电话（010）64217619　64217652（发行部）

目　录
CONTENTS

阙冬

序言一

从 2007 年开始，这个星球上居住在城市里的人口开始比生活在城市外的人多，而与此同时，人们反而变得越来越孤独，美国的独居人群超过 31%，巴黎和斯德哥尔摩，这个比例超过了 50%；曼哈顿和洛杉矶，这个数字是 90% 以上。

在大城市生活，人们见到的人愈多，真正了解的人愈少。我十八岁来到北京，弹指间这些年过去，却从来没有把自己当作一个北京人，但是我却把自己当作北沟人，北沟村的新村民。因为也是从 2007 年开始一直到今天，我们一点一点的把这里变成了一个生活的地方，一个理想的家。

我们初到北沟的时候，没有想到建设北沟是一个如此长期深入且宏大庞杂的工程，当时本意是想以扶贫为主。直觉上认为村子发展，不应该是一片荒芜上的几个象牙塔，于是我们开始与村党支部一起，对北沟村做整体的规划。而正是环境与基础设施的整体提升，为北沟长期的发展提供了硬件底座。基础设施建好还要用好，而环境建好还要维护好，于是就有了环境艺术美化和维修建设队伍的建立，手把手带着村民修枝剪叶、修剪草坪，北沟村的一草一木、一砖一瓦都成了这个工程的一部分。

硬件的基础好了，人的素质也要提升上来，我先生秦剑锋和北沟村支部书记王全从发展北沟乡村治理开始，配合文化教育、知识增长、职业技能培训，逐步推动民风塑造，让北沟村在人的层面有了可持续发展的充足准备，于是就有了人居文化、艺术环境等一系列老吾老、幼吾幼的人文设施随之落地生根。

与此同时，随着国家的经济发展和社会前进，以体验为核心的休闲度假成为文旅市场的新贵，我们寻觅到了年轻的新锐建筑设计师团队，借助他们多元国际的全新视角，设计并建成新中式的民宿"三卅"，对瓦厂酒店也做了设计升级，并着力对北沟的公共区域作进一步的提升，于是又有了瓦美术馆，有了著名的北沟国际美食序列。

随着瓦厂和三卅对年轻村民回村工作的沉淀，授人以渔的培训和工作为北沟村的村民民宿集群注入了坚实的生命力，通过对瓦厂和三卅价格区间的规划也形成了北沟全市场覆盖的阶梯形民宿结构。

回首看这十来年的历程，北沟的成功不是用一个定式塑造出来的，而是一套不停的动态调整中的系统工程，通过这个动态工程确保了北沟一直是温暖的、艺术的、人文的和国际化的。而这些特质形成了北沟独特的价值主张，吸引着国内外的游客对这里流连忘返，吸引着很多艺术和社会群体把这里作为他们的平台，也吸引着无数年轻人把这里作为他们灵感的源泉和赋能的场所。

回归本心，能做出北沟模式并一直坚持不懈，源于我执着的把北沟当作一个生活的地方，而不是生产的地方，所以我一直很努力的把北沟变成我心里家应该有的样子。在我的心里，它的每个细节都应该舒适完美，每个人来到这里都可以不再端着藏着，这里应该充满欢笑，这里应该无比和谐。因为我一直相信，人文世界的存在是为了更好的生活，更好的生活可以让肉体和灵魂得到更好的供养，并迸发出更大的活力和火花。所以它应该充满着幸福的力量，可以激发每一个

人对美好生活的向往和追求，渴望与升华。它不仅仅是一个物理的场所，也是一个精神的家园，是大家思想启迪、心灵顿悟和灵魂安放的地方。

这本来是我的一个小梦想，它在北沟落地发芽，当这个小梦想被实现出来而且不断地被实现着的时候，一个更大的梦想在我心中涌现出来，北沟不应该只有一个，也不应该被我独占，北沟应该是更多人的，我希望把北沟模式复制出去，把幸福的力量传递到中国的每一个美丽乡村中去，这本书就是为此迈出的第一步。

阙冬

前瓦厂酒店主理人

三卅精品民宿创始人

魏小安

序言二

北京的乡村旅游已经发展多年，问题与局限也持续了多年。在休闲度假需求催化以及乡村振兴战略之下，乡村旅游迎来新机遇，从产业到业态到服务都有了新变化，北沟村是一个范例。

这里以前只有一个琉璃瓦厂，现在成为乡村休闲度假示范社区。2049投资集团与北沟村多年共建，先后投资1.5亿，建设了酒店、民宿、餐厅、美术馆等设施，创造了高品质的度假产品，带动了村民就业、创业和致富，建成了一个独具魅力的特色乡村。

进入北沟村之后我有五个感受：

第一是村容村貌整洁，全村以长城为中心，有文化，讲艺术，整体品质高；

第二是瓦厂酒店，小而精、小而特、小而优。乡村环境，现代服务，城市享受，反差越大越有吸引力；

第三是三卅民宿，连房接瓦，庭院深深，让人感受恬静山乡，体验田园生活；

第四是美食丰富，西餐、日料、越南菜，老北京菜，精致精细，丝毫不亚于城里高档餐厅；

第五是整体带动，全村创业，文化繁荣，创造出独有的民宿集群和文化聚落。

北沟村之前靠卖板栗赚钱，现在则通过多年经验积累形成了乡村文旅市场机制，形成了以瓦厂酒店为经营主体的新业态、新产业、新品牌，从根本上改变了落后生产方式，提高了村民整体水平。

秦剑锋从体制内到体制外，在企业管理和基层党建上均有建树，毅然投身乡村建设，从 2007 年开始，到现在已经十多年。纵使真心真意真情怀，其间过程，也如人饮水，冷暖自知。用一句古语来说，"知我者谓我心忧，不知我者谓我何求"。

我用"遮风挡雨"来描述这项事业。来到北沟，让人觉得放松，获得一种解放，至少是一次释放。精神得到回归，心灵受到庇护，这不仅仅是给客人的感受，对村民也发挥了这个作用。这也是我对瓦厂酒店、三卅民宿的一个解释。

2049 投资集团在北沟村的实践，开创了一个企业和乡村结合的新模式。一方面是以项目为载体的结合；另一方面，也是更重要的，是企业和乡村的一体化。这种一体化不是一致化，而是允许各有分工，各有特色，但总目标一致，求同存异，殊途同归，最终实现共同发展。

北沟村作为一个样板，值得肯定、总结和推广。我们把视野展开，把北沟实践放到全国乡村振兴的大环境下去看，这可能不是一个全能的模式，但肯定是一种行得通、走得远的模式。

魏小安

世界旅游城市联合会首席专家
全国休闲标准化技术委员会副主任委员
中国旅游协会休闲度假分会总顾问

秦剑锋

自序

进入新世纪后，国家关于乡村发展的战略大致经历了三个阶段。最初是社会主义新农村建设，然后是美丽乡村建设，现在是乡村振兴战略。虽然每个阶段有各自的称呼，但在本质上基本是一样的。我从 2007 年开始，以北沟村为基地，加入乡村工作中来。乡村振兴成为一个热点，或者说一个"风口"，这是我当初没有预想到的。最初就是想在解决"三农"问题中做点贡献，做出点成绩来。现在党和国家有号召，有要求，各行各业、各个单位都要出力，各方力量就涌进来了。

2049 投资集团在北沟村做过一些探索，做出了一些成效。村容村貌变美了，乡村经济发展了，村民和企业受益了，社会各方的关注更多了，来参观学习的人也越来越多。我少不了要代表企业进行介绍、交流和答疑。在公开场合说的次数多了，就对所做的事情进行了梳理、总结，形成了一些观点和认识，觉得有必要拿出来跟大家分享，于是就有了此书。

此书不是自传，不是教科书，也不是资料汇编，而是以一个企业在乡村的实践为基础的实例研究分享。这个实例是我亲身参与的，从起念到谋划，从落地实施到开花结果，是一个依然在进行的完整的过程。很多认识、判断和结论，不是凭空想象的，也不是照搬照抄的，而是植根于乡村建设的土壤之中，通过村企合作、市场检验，一点一滴积累、一步一步实践出来的。

由于此书是源自实务的实例研究，就不会从入门基础着手，为便于理解，我把三个心得提前拿出来，以减少大家在阅读中的疑惑。

首先是对回报的认识。需要进行投入，有时甚至需要重大的资产投入。以 2049 投资集团在北沟村的投入为例，已累计超过 1.5 亿元。这要求我们客观看待投资回报。随着经济高速发展阶段的结束，高回报项目日益稀缺，如房地产行业，过去曾是高回报领域，但现在综合考虑地价、回款速度、资金成本等因素，项目回报期可能长达十年以上。因此，对于乡村振兴项目而言，如果能在十年左右的时间收回成本，就可以视为一个理想的状态。

我们参与乡村建设发展时，追求的不仅是经济上的回报，而且是包括社会影响在内的综合回报。尽管经济收益可能相对较小，但通过积极参与，企业能够充分履行社会责任，从而获得社会的广泛认可，并树立起良好的品牌形象。这些非经济性的回报，相较于单纯的投资收益，具有更为深远和重要的意义。我们在乡村建设中逐渐形成了"三卅"机制，就是收益的 33% 拿出来回馈企业与员工，33% 拿出来回馈当地村民，33% 拿出来回馈社会。走出一条长期主义路线，物有所值，多方受益，而不是一锤子买卖，拿钱走人。

在北沟村的实践中有很多心得，其中一条最重要的，即要把事做成功，核心是利益。利益分配就是切蛋糕，把蛋糕切好了，事就能够做

夜幕下的三卅精品民宿

成。如果贪心太重，蛋糕全归自己，或者自己切走一大半，那就没有人跟你玩了。其实做任何事情都一样，利益平衡至关重要。搞乡村建设，必须把企业利益、老百姓的利益、社会公共利益结合起来，否则就会走偏。路线一旦偏了，就一定走不远。

其次是对乡村的认识。现在乡村振兴遇到很多这样的问题，政府大量投入，沉淀下很多资产，但真正给它运营起来，让它发挥作用，产生效益，哪怕老百姓能自己受用，形成正向的文化，依然是个挑战。经过多年的努力建设，乡村地区的基础设施和硬件条件已经得到了显著提升，特别是在东部和南方的乡村表现尤为突出。然而，如何确保这些设施的有效运营，并保持乡村的持续发展活力，仍然是一个普遍存在的难题。

其实，乡村和城市不是相互隔离的两个事物，乡村振兴与城市化是一个硬币的两面。对乡村感兴趣的不是村民，而是城里的人。北沟村就得益于北京城市的生活外溢。三卅民宿也好，瓦厂酒店也好，它满足了北京市民对品质生活的需求。瓦美术馆开馆举办的第一个展览叫"局部城市"。为什么？因为在一个小山村里，生活品质跟城里一样，但内容又有不同。乡村振兴脱离不开城市化，大部分乡村能够振兴起来，就是因为它跟城市的分工和一体化做得好。

乡村是慢节奏、田园式的生活，人们最终要回归这个本质。今后会形成两个空间：一个是快节奏的城市生活，要工作，要竞争，要奋斗；另一个是慢节奏的田园生活，收入可能稍低，但生活安逸舒适。以后年轻人都在城里，中老年人在乡村过田园生活，这符合生命的节奏。年轻力壮的时候要去打拼，去竞争。在具备了一定条件之后就不能再去跟年轻人抢资源，而是去享受生活，或去从事更加平和、竞争力小的事情，比如农业、文化。无论谁来，都能感受到北沟村是一个活村，有灵魂。灵魂是什么？就是老百姓在村子里居住、生活、劳动，客人们体验到村子的生生不息，感受到乡村所赋予的力量。这是建设乡村最主要、最核心的精神内容。

最后就是对关系的认识。中国的乡村深受人情文化影响，这种特质虽

北沟村的乡村慢生活

在城市中同样存在，但在乡村环境中尤为显著。当企业涉足乡村建设时，构建和谐融洽的村民关系显得尤为关键。遗憾的是，过往不乏因处理不当而导致合作破裂的案例，为我们提供了宝贵的经验。企业踏入乡村，其根本动力在于寻求发展机会，这无可厚非。然而，盈利的方式多种多样：有的追求短期回报，有的则着眼长远；有的侧重自我增益，有的则致力于与村民共享成果。尽管追求经济效益是企业的天性，但实现双方互利共赢、共同繁荣才是可持续的发展路径。

如何看待企业与村民的关系，就决定了如何处理与居民的关系。我把自己和企业的员工称为"新村民"，也就是到北沟村新入伙的人。这个称呼非常准确。村民是村里的主人，我们是新村民，大家合起伙来，一起建设家园。乡村振兴，需要保持乡村的活力，需要老百姓真心拥护和参与。这些年来我们在北沟村每年都有新投入。村民看得清楚，就支持你、拥护你、加入你。这里的根本原因就是你不图快钱，放下眼前利，愿意跟村民一起发展。

我一直想为农村的发展出点力，跟着国家振兴和民族复兴的脚步走。有人说这是"家国情怀"，就是把国家的发展时刻放在心上。我们创办企业，并不仅仅是为了个人的利益。这么多年受的教育和培养，让我觉得必须得为国家做点事情。刚到农村时，可能村民还不太接受你，或者你投入很多，他们还会猜疑你的动机。但只要你是真心实意的，不带私心，那些猜疑也就不攻自破了。

这是市场主体参与乡村振兴需要具备的三个前提条件，即长期主义、公益意识和以村民为中心。乡村振兴是一项严肃认真、讲究科学、存在风险的事业，而不是一阵风、一个姿态、一场运动。在进入乡村之前，你必须扪心自问，是不是具备了这三个条件，或者在这三个方面做了充分准备。如果不能具备或没有准备，那就不要参与进来。千百年来，中国乡村历经兴衰起伏，形成了自己的规则和规律，即便没有外来力量，也会进步，也会变迁。如果决定参与其中，就要尊重它、顺应它，把心投入，共沐风雨。这也是我多年来乡村工作经验的总结。

我们在北沟村是一个重资产项目。很多地方希望引入我们，输出品牌，

北沟村的乡村慢生活

输出运营管理，这种需求很普遍。到外地去发展，依然要做群众工作，处好村民关系。各地的文化习俗不一样，肯定会面临一些新问题。实际上，你到乡村里，是来顺应它，而不是改造它。我们在北沟村做的事情能够成功，就是尊重规律，顺应得好，协调得好。

我们在乡村的事业，应当引领未来的发展方向，而非盲目追逐热门潮流。之前有很多特色小镇，虽然短期内吸引了关注，但长期来看，这些做法并未能持续成功。我们在北沟村的实践，旨在探索并总结出一系列有效的解决方案，为社会提供有益的参考。北沟村是一个根据地，我们把人才培养、品牌建设、业态培育放在这里，通过市场考验、实践检验，成熟了就在其他地方推广，从而形成一套可复制、可推广的乡村发展模式。

毛泽东同志用"解剖麻雀"来比喻调查研究：要从个别问题深入，深入解剖一个麻雀，了解一处地方或一个问题……往后调查别处地方或别个问题，你就容易找到门路。在此书中，我把北沟村，以及 2049 投资集团在此的乡村振兴实践，作为一个鲜活生动的实例来剖析和研究，希望能给其他的乡村以及参与乡村振兴的企业提供借鉴和启发。

秦剑锋

北京市怀柔区渤海镇北沟村第一书记

2049 投资集团董事长

北沟村风貌

北沟村

北沟村位于北京市怀柔区渤海镇东北部，地处长城脚下，距离怀柔城区 18 公里，村域面积 3.22 平方公里。这里曾经是一个以种植板栗为生的普通小山村，转型为"长城国际文化村"后，在乡村振兴的春风沐浴下，大力发展文旅产业，吸引了众多国内外友人，同时也孕育出了一些优秀的文旅品牌，如中国乡村遗产酒店—瓦厂酒店、都市人的第三故乡—三卅精品民宿、以及乡村文艺复兴代表建筑—瓦美术馆。凭借其独特的地理位置、丰富的文化内涵和成功的村企合作发展模式，北沟村获得了"全国文明村镇""全国生态文化村""中国最有魅力休闲乡村"等多项荣誉称号，成为全国乡村振兴的典范，每年吸引大量朋友前来参观、学习和体验，已然成为了远近闻名的"明星村"。

北沟村

BEI GOU VILLAGE

1

美好乡村
理念先行

世间有种风景，与繁华无关，饱含大自然的脉脉温情和暖暖的人间烟火，让人感到放松、亲切和自在。这便是乡村。如今的北沟村，果树当篱笆，鲜花做门墩，水缸当花盆，村民家家不见高墙，满院的栗树、果蔬毫无遮挡，直扑眼帘；花朵藤蔓间，砖墁小径直通客厅。在这里，有守拙归园田的生活，更有着回归自然的惬意与自在。

① 发现乡村价值

中国是农业大国，农耕文明悠久而灿烂。耕读传家，为历代中国人所推崇。人们即便是身体离开了乡村，但精神很难离开乡村。"狗吠深巷中，鸡鸣桑树颠"的生活意境，"采菊东篱下，悠然见南山"的田园场景，是人们梦想中的桃花源。中国人早有郊外出游的习俗，如《管子·小问》中记载："桓公放春三月观于野。"从陶渊明到李白、白居易，再到苏轼、辛弃疾，历代都有大量描写田园归隐和乡村生活的诗词。乡村是人类生存的重要依托，是中华传统文化的根脉和载体，在中华民族伟大复兴中具有不可替代的价值。

乡村建设和乡村振兴的过程，是乡村价值发现和价值重塑的过程。乡村的价值是演变的。当代社会之所以重视乡村，保护乡村，振兴乡村，一个根本的原因就是乡村价值的变化，尤其是进入现代社会之后，与城市相比，乡村的生产功能、经济价值明显下降，由此也带来人口、资本的流出和转移。这是一个客观的现实。乡村振兴的重要前提，就是要把乡村放在新的经济和文化背景下，放在社会演进的历史长河之中，去发现新的、潜在的价值，继而创造出新的、真实的价值。

闲适低碳亲近自然的生活方式是乡村给予人们的最直接的认知

首先，乡村是最本源的生活场景。乡村作为人类活动原始的空间和场所，是人类生活的起源地。作为农耕文明的典型，乡村在很大程度上体现为守护和传承一个国家乃至民族生存和发展的根脉，是国家和民族发展的根基。乡村确保生命维持、发展所需要的各种营养元素，尤其是确保粮食和重要农产品的供给。由此乡村生活能带给人们获得感、满足感、幸福感和安全感。亲近自然、简约朴素、绿色低碳的乡村生活，是有利于身心健康的生活方式。

其次，乡村是最基础的生产园区。经济学家威廉·配第说"土地是财富之母，劳动是财富之父"。乡村的基础功能就是为种植业、养殖业、手工业和服务业创造条件，通过农业生产和庭院经济提供食物和原材料。社会先后发生了三次大分工，出现了工业、商业和城市，乡村的生产价值逐渐减弱，被工业化、城市化、自动化所取代，但乡村的基础性生产功能和价值没有改变，这也是国家始终强调耕地红线的理论根据。

再次，乡村是文化的母体。乡村是中华文明的根脉，承载着中华文明的记忆和中华民族的历史，是中华民族共同的精神家园和信仰之源。文化振兴作为乡村振兴战略实施的总要求之一，就是要留住乡村发展的精神之魂，滋养中华民族的浩然之气，让乡村成为中华文明的活记忆和活历史。乡村是文化的宝库，集中了先民和当代人的智慧，形成了人与人之间的伦常关系、乡规民约，是传统美德的载体和平台。习近平指出：乡村文明是中华民族文明史的主体，村庄是这种文明的载体，耕读文明是我们的软实力。

原来的北沟村

乡村价值重塑的另一个重要依据，就是产业的多功能性。三次产业的划分是社会大分工的结果，但这种划分也容易忽视产业的多功能性。任何产业都有其主导功能，这是一个产业得以确立并强化的根本条件。但随着社会的演变，产业的一些附属功能会逐渐强化，在特定的区域或特定的时期，附属功能甚至会成为主导功能。旅游业属于第三产业，但在发展过程中，第一产业、第二产业也成了重要的旅游吸引物，极大地丰富和拓展了旅游资源的类型和范围，也使得旅游业的边界越来越模糊。当然，这是一种积极的、健康的模糊，体现了"+旅游"和"旅游+"的良性融合与互动。

农业的多功能性，体现在具有粮食供应、原材料生产的基础功能的同时，还具有文化、生态、景观等其他功能。特别是在粮食丰收、解决温饱的条

瓦厂酒店客人漫步北沟村

件下，农业的文化、景观的功能日益凸显。乡村旅游、观光农业就是农业多功能性的具体体现。在特定区域的特定季节，各个功能的主次顺序会变化，比如云南元阳的梯田、江西婺源的油菜花，农业的文化和景观功能成为主导功能，生产功能反而退居其次。

北沟村是个鲜活的村落，人口不多，但有生活气息，有村庄自己的灵魂和精神。囿于地理条件，北沟村长期难以发展农田生产，只能依靠板栗、水果等山地种植业。最早进入的外国人也好，成建制进入的 2049 投资集团也好，首先进行的就是价值发现，即用独特的眼光认识到北沟村的潜在价值。

刚进北沟村的时候，除了长城，最吸引人的有三点：一是村子规模不大，原生的产业不强，便于改造和打造新的业态；二是村庄治理得好，带头人坚强有力，干部能力强，村民拥戴，村容村貌优良；三是村民友好，对外来的人和事物不排斥，不欺生，乐于交流，敢于互动。

一般而言，规模较大的乡村，历史长，人口多，原生产业有一定的基础，发展惯性大，自身不易改变，外来力量很难融入和发挥作用。这些大村落的资源和能力较强，一般都能依靠自身的力量，以我为主，外力为辅，形成发展的路径和模式，比如华西村、滕头村、韩村河等。大部分需要振兴的乡村，特点是规模小，人口少，区位和资源条件不够理想。广大中小村落是乡村振兴的重点对象。北沟村的实践证明，一个乡村的价值，或者说是吸引资本的点，并不完全是村庄的硬件设置，也不必然是既定的资源条件，而是包容性和可塑性。小村模式，是北沟村实践的重要价值。

再造乡村生态

人类从游猎发展为养殖，从采集发展到种植，由迁徙走向定居，在这一过程中，生态安全始终是首要条件。天人合一、道法自然的思想在中国源远流长，体现了人与自然休戚与共、和谐发展的法则。乡村的选址与布局，也深受这种思想的影响，并形成了"风水"理论。"风水"是顺应自然、利用环境的科学，以天人合一、阴阳调和为核心，不仅对中国古典园林产生了直接影响，对当代城乡规划和园林景观设计也提供了重要参考和启迪。用现代语言说，风水可以理解为"区域生态安全格局"（the regional pattern for ecological security），即在特定区域内同时实现生态安全、经济安全和社会安全的空间格局体系。

乡村对生态环境的依赖度要比城市大得多，与生物和自然界的关系更为紧密，因此就更加讲究生态安全，即尊重和讲究"风水"。在乡村振兴的背景下，更要对资源、空间等条件进行分析评价后进行科学合理的保护、改造、提升、整合。如果忽视生态安全，遗忘文化传承与行为习惯，就会造成与城市化同样的问题，例如千村一面、缺乏特色、基底硬化、人工干预

落日余晖下的箭扣长城

过度、忽视自然环境等。绿水青山就是金山银山。要将"山水林田湖草"当作相生相息、复杂有机、内生关联的生态系统来看待，遵循生态系统的整体性、多样性、复杂性规律，把治山、治水、治林、治田与生产、生活和社会、文化发展有机结合起来，全方位、全地域、全过程推进乡村的生态文明建设。

生态博物馆（eco-museum）最早于 1971 年由法国人弗朗索瓦·于贝尔和乔治·亨利·里维埃提出，其"生态"的含义既包括自然生态，也包括人

进入北沟村路上的彩虹墙，给往来游客眼前一亮的感觉

文生态。生态博物馆在挪威、加拿大、英国、美国、日本以及中国都有设立。2000年，中挪专家、贵州生态博物馆的村民代表、地方政府代表等在六枝特区举办研习班时，讨论提出框架后逐步完善，形成了"六枝原则"，作为中国和挪威合作建设贵州生态博物馆群项目的核心原则。内容包括：村民是其文化的拥有者，有权认同与解释其文化；文化的含义与价值必须与人联系起来，并应予以加强；生态博物馆的核心是公众参与，必须以民主方式管理；当旅游和文化保护发生冲突时，应优先保护文化，不应出售文物，但鼓励以传统工艺制造纪念品出售；长远和历史性规划永远是最重要的，损害长久文化的短期经济行为必须被制止；对文化遗产进行整体保护，其中传统工艺技术和物质文化资料是核心；观众有义务以尊重的态度遵守一定的行为准则；生态博物馆没有固定的模式，因文化及社会的不同条件而千差万别；促进社区经济发展，改善居民生活。

乡村生态系统是乡村所在的自然环境、生产生活方式、经济形式、语言环境、社会组织、意识形态、价值观念等构成的相互作用的完整体系，具有动态性、开放性、整体性等特点。山水林田湖草沙是乡村自然生态的元素，柳绿桃红鸡鸣狗吠是乡村人文生态的元素，邻里乡亲乡愁弥漫是乡村民俗生态的元素。乡村建设的生态导向，就是维护乡村生态，传承中华民族天人合一、敬畏自然、尊重自然的智慧，将现代生活嵌入乡村之中，将生态价值融入生活之中，使包括居民和游客在内的人与乡村的自然生态、社会生态、文化生态、产业生态相互交融，成为一体。

北沟村面积不大，居民人口不多，但环境非常干净。从进出村子的道路，到房前屋后，到果园农田，看不到垃圾堆积。全村大小街道的卫生都有专人负责。所有的厕所都完成了改造，实现了全村无旱厕，公厕数量充足，分布合理。在道路两侧栽种花草，治理河道，修建护村坝、截流坝。在村里设立书法文化墙，修建起传统文化道德广场，将"二十四孝""三字经""弟子规"等以壁画的方式展现出来，用文化元素丰富环境之美。一进村，干净整洁的村容村貌，让人联想到欧洲和日本的乡村。

北沟村文化墙

乡村地区能解决环境卫生的问题，实属难能可贵，这得益于在村支书王全主持下，从 2005 年开始就常抓不懈的环境治理工作。

第一，深化宣传引导。制作《村规民约》手册，每户村民人手一册入户宣传；村内广播定期滚动播放村规民约；在村民代表大会讲解相关内容，让"约定"内容烂熟于心。垃圾自觉分类投放、车辆不乱停乱放、家庭团结、邻里和睦等等，从个人到家庭，"约定"已经成了村民自我管理、自我约束的道德标尺。

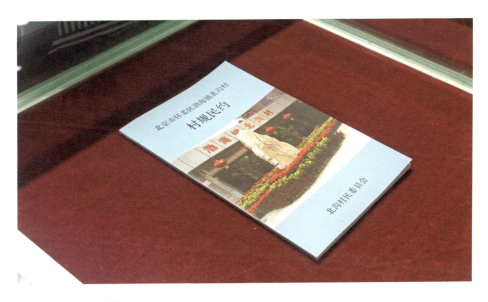

北沟村的《村规民约》

第二，坚持党建引领。依托《党员公约》《村规民约》形成"党建引领人居环境"的治理模式，村干部、党员率先垂范带头遵守，并坚持每月打扫村街道卫生。通过划分党员责任区建立每月固定党员活动日常态化机制，逐步形成互学先进、共同遵守的良好村风。

第三，引入物业力量。村党支部牵头成立"北沟北旮旯物业管理有限公司"，根据《村规民约》内容，全面负责村内的基础设施、环境卫生、停车养犬等管理服务工作，聘请村民作为工作人员，增强村民参与村里事务的积极性和主动性。

第四，强化监督管理。村干部、党员联合物业每日串村检查，形成环境整治常态化机制。通过对村中环境问题进行拍照记录并劝导帮助整改，将整改前后情况对比展示，发挥公共平台的榜样示范和群众监督作用，让村规民约化作行动和实效。

经过坚持不懈的工作，村规民约已经被北沟村民内化于心、外化于行。环境变美了，不仅利于身心健康，带动了旅游，勤劳致富的民风也得到发扬，形成了安居乐业的社会环境。通过抓环境卫生，北沟村抓出了美丽乡村、小康之家和清风正气。

著名学者魏小安认为，发展旅游必须尊重生态，要以原生态着眼，以次生态入手，以泛生态着力，以深生态着魂，实施产品和市场细分。北沟村的实践，无论是瓦厂酒店、三卅民宿，还是帐篷营地、庭院咖啡，以及抓卫生、美环境、促文明，都充分体现了这种体系化的生态文明理念。

③

践行乡村信仰

乡村是传统社会的基本单元和国家治理的基石，古代中国的政治、经济、文化和意识形态都围绕乡村构建，乡土文化是中华民族赖以生存的根基。农业是国计民生之本、政权稳固之基，历代政府都强调农业的地位，通过建章立制来实现农业优先。秦国商鞅变法把重农推向极致，到秦汉时代，农业在中国成为主体产业，在此后的 2000 年里，农业一直是保障社会民生的基础产业，在农业经济长期发展基础上形成的农业文明，成为中国传统社会的主体文明。经济上的重农主义，文化上的外儒内道，造就了中国文化阶层的乡村信仰，具体体现就是隐逸文化、田园诗画，以及身体力

北沟村山楂熟了

行的告老还乡、耕读传家和乡村建设。

乡村建设的理念在中国源远流长，到近代则开展了乡村教育为主要内容的乡村建设实验。1904 年，河北定县的米春明父子，在翟城村开展以乡村教育为主要内容的"翟城实验"，成为近代中国乡村建设的最早案本。1917年阎锡山在山西发布《县属村治通行简章》，被认为是近代中国出台的比较完整的地方政府乡村建设方案。从 20 世纪 20 年代开始至新中国成立前，乡村建设成为一些知识分子和开明士绅改变国弱民困现状的努力方向。黄

北沟村早年以农垦种植为主

炎培、晏阳初、梁漱溟、卢作孚、陶行知等
仁人志士兴办乡村教育，进行"乡村建设"
实验，涌现出"定县实验""邹平实验""北
碚实验"等范例。

近代民族资本家卢作孚于 1930 年发表《乡
村建设》一文，并在重庆的北碚村开展乡村
建设实验，内容涉及经济、文化、治安、游
览等方面，提出了乡村现代化的目标，取得
了令人瞩目的效果。在 30 年代，晏阳初在
河北定县开展乡村建设实验，以"人"的改
造为突破口，从文艺、公民、卫生和生计的

民族资本家卢作孚

"四大教育"入手，以"民族再造"为归宿，
产生了很大的社会影响。1931 年至 1937 年，
思想家、教育家梁漱溟在山东成立农村研究院，选择邹平作为乡村建设试
验基地，建设学堂，实行政教合一，发展农村合作社，建立乡村自卫组织，
在国内国际都引起了广泛关注。这些由开明乡绅与知识分子主导的早期乡
村建设运动，社会改良色彩浓郁，倚重文化教育手段，但缺乏农民拥护和
参与，没有触及深层矛盾，效果并不明显。当然，他们对中国乡村的深切
情怀，全身心投入乡村建设的勇敢精神，成为后来人建设和发展乡村所效
仿的楷模。

中国共产党领导的乡村建设，以土地革命为核心，改变了乡村的社会结构，

满足了农民的根本需求，得到了农民的拥护和参与，并成立工农联盟，农村包围城市，武装夺取政权，走出了一条持续的革命、建设和发展的道路。新民主主义革命时期有井冈山和延安模式，社会主义革命和建设时期乡村建设有大寨模式，改革开放和社会主义现代化建设新时期乡村建设有小岗村模式，中国特色社会主义新时代乡村建设有十八洞村模式。在脱贫攻坚取得全面胜利后，开启了"全面推进乡村振兴"的新阶段。

中国文明的根在乡村，若失去了乡村的源头活水，社会安全和伦理秩序会面临威胁。当今，无论是城市化、城镇化、乡村振兴，还是城乡一体化，都不仅仅是物质形态的问题，还关涉到文化主体性之存续的文明本体问题。"洋民俗"在北沟村的出现，是外国人对中国隐逸文化的致敬和仿效。2049 投资集团在北沟的融入、扎根和共生，是当代人对中国乡村建设的传承与发扬，更是新时代知识分子身体力行践行乡村信仰的深刻实践。

国外友人在瓦厂用餐

早期的瓦厂酒店，中外游客在院子中用餐

维护共同体理念

乡村是一群人在一起共同生活并形成了共同风俗习惯、文化和价值的地方，是具有血缘、地缘关系的亲情互助的生命整体，而不是一个单纯从事农业生产活动的地方。乡村是一个多区合一的复合体。首先是乡村生活社区；其次是农业生产区，或耕作，或畜牧，或林果，或渔业；第三是旅游区；第四是遗产保护区。有的还是边境地区，承担着国防安全或者是边境贸易的职能。

多区合一，意味着存在诸多的利益群体，包括社区居民、地方政府、相关部门、社会组织、旅游者、合作社、开发商、周边社区等。这些群体之间，以及群体内部，权利、地位、价值观、投入、利益等都不相同，由此就会产生不同的心态与行为。在转型过程中，有增量的进入，有存量的优化。伴随利益的明显增长和再分配，必然带来内部、外部、主客等多个方面的新问题乃至新矛盾。

乡村在发展过程中，受益不均是常见的问题。比如保护文化和发展旅游的

北沟村民的日常生活

民俗文化活动

措施和资金并不能平均惠及每个家庭每个人。由于个人素质、家庭实力甚至房屋位置等存在差别，每个家庭和个人的发展机会不同，随着旅游发展也会拉大差距，容易导致心理失衡。这种失衡也会发生在临近乡村之间。政策和资金对某个村倾斜，这个村发展速度就快，居民生活就好。其他村就会羡慕或者感到不公平。

外来资本的引入在初期阶段往往受到政府与居民的热烈欢迎，为地区发展注入了新的活力与资源。随着项目的逐步推进和市场知名度的提升，一系列挑战也随之浮现。在合作深化过程中，政府与开发商之间可能会遇到期望与实现之间的落差，特别是关于先前承诺的优惠政策执行上，如土地使

村委会组织村民学习

用规划及环境保护标准的遵守，偶尔会导致项目调整或个别项目重新规划。此外，外来资本的强大竞争力为市场带来了新气象，但也可能对现有农家经营者构成一定的竞争压力，促使本地产业转型升级，寻求更加协同的发展路径。

中国历史上，乡村共同体经历了三种形态：血缘共同体；管理共同体；经济共同体。传统的乡村共同体是在血缘基础上形成，人们聚族而居形成诸如"王庄""李庄"的村落共同体。村民大多拥有共同祖先，长期在一起生产、生活，村落就是一个扩大的家。新中国成立后，国家治理体系下沉到农村，构建了"三级所有、队为基础"的人民公社体制，在乡村形成一种管理共同体。改革开放之后，解放农村生产力，推行家庭联产承包责任制，形成了以经济利益为基础的农业合作社、乡镇企业等经济共同体。一些农村直接演变成企业集团。

进入新世纪，随着乡村非农化、市场化和城镇化等多重影响，乡村利益群体多元化，构建新型乡村共同体模式势在必行。新型乡村共同体是在自由交往和平等互动基础上形成的，是一种合作共同体。在合作共同体中，公共服务、市场主体和村民生活有机联系在一起。现代乡村合作共同体需要依靠政府、市场、社会和村民之间的良性互动，在强调个体差异的基础上寻求广泛联合，实现最大公约数。在乡村振兴背景下，在不同区域、层次探索出不同特色的合作实践。

2018年，《中共中央 国务院关于实施乡村振兴战略的意见》中要求，坚持农民主体地位。充分尊重农民意愿，切实发挥农民在乡村振兴中的主体作用，调动亿万农民的积极性、主动性、创造性，把维护农民群众根本利益、促进农民共同富裕作为出发点和落脚点，促进农民持续增收，不断提升农民的获得感、幸福感、安全感。2022年，文化和旅游部等六部门联合印发的《关于推动文化产业赋能乡村振兴的意见》中明确，农民主体、多方参与。推广"公司＋农户"经营模式，鼓励各类农民合作社、协作体和产业联盟在整合资源、搭建平台等方面发挥积极作用。推动建立完善农民入股、保底收益、按股分红等多种利益联结机制，通过"资源变资产、资金变股金、农民变股东"，让农民更多分享产业增值收益。

北沟村构建乡村共同体，有四条经验。首先，村企合作机制稳定。外来企业投入与村集体资产要相互补、相匹配，不是谁大谁小、谁强谁弱、谁主谁次的问题，而是平等互利，焦不离孟、孟不离焦的关系。其次，优先保障村民利益。乡村建设事无巨细，千头万绪，但一开始往往是好事得不到大伙认可。村委会一手托两家，不让农民吃亏，合作企业多担当，优先保障村民利益，多给居民让利，保持大局稳定和大方向不变。第三，重视公共事务。乡村生产生活自给自足，对于环境卫生、养老助幼、公共设施、交流空间等公共事务，往往缺乏主动。这恰恰是维系一个乡村共同体的关键。谁能舍弃自身私利，为村里谋求大益，村民都会看在眼里，记在心里。第四，党建引领共建共治共享。乡村是封闭的，不喜欢与外界接触，提防心理重。党建的作用就是用道理触动人，用行动感化人，用实效改变人，引领乡村走出既有的园圈。无论是接受外国人前来生活，还是与2049投资集团达成村企"联姻"，党建都发挥着中坚作用。

2

巨变发生
蝶变升华

事物不断变化，但万变不离其宗。所谓宗，就是道。老子《道德经》云："有物混成，先天地生。寂兮寥兮！独立不改，周行不殆，可以为天下母。吾不知其名，字之曰'道'。"道是规律、理论，是宏观的指导；术是方法、实践，是微观的操作。对道的实际应用就是术，但必须遵循道的引领，所谓"有道无术，术尚可求也，有术无道，止于术"。

北沟村的革新和巨变，一方面来自村支部、村委会的坚强领导，来自广大村民的艰苦奋斗；另一方面，来自以 2049 投资集团为代表的社会力量的大力帮扶和深度共建。同时，北沟村的每一个进步和每一处改善，与怀柔区、北京市和全国的经济社会发展的主脉也是分不开的。

回顾北沟村的发展历程和经验，首先是战略得当，即思想正确、体制稳定、顺应大势，保证了北沟村沿着既定的方向演进；然后是策略得力，即运营管理专业，关键环节衔接顺畅，不脱节不走样，保证了各项工作落到实处，掷地有声，取得实效。简单总结，就是战略有道，运维有术，革新有效；谋时而动，顺势而行；有所为有所不为，为必有成。

事物不断变化，但万变不离其宗。所谓宗，就是道。老子《道德经》云："有物混成，先天地生。寂兮寥兮！独立不改，周行不殆，可以为天下母。吾不知其名，字之曰'道'。"道是规律、理论，是宏观的指导；术是方法、实践，是微观的操作。对道的实际应用就是术，但必须遵循道的引领，所谓"有道无术，术尚可求也，有术无道，止于术"。

乡村振兴的标的是乡村，可用的资源也是乡村：面对的土地是耕地、林地，利用的资源是农村房产，依托的劳动力是村民。这与在城市里搞园区建设，在园区里搞产业孵化是完全不同的。乡村振兴，必须立足乡村的社会关系，立足乡村的资源条件，构建符合乡村实际的生产关系和体制机制，才能适应和解放乡村生产力，切实取得成效。

新中国成立后，乡村治理经历了多次变迁。改革开放以来，废除人民公社，重建乡镇政府，实行村民自治，到乡村治理综合改革，经历了一系列演变。从农村联产承包责任制，到新农村建设，再到乡村振兴，适应农村生产力发展的需要，始终是一条明确的主线。

中国传统医学中有"短治"和"长治"的划分。《石室秘录》中载："长治者，永远之症，不可以岁月计也……可以短兵取胜，则用短治之法。"乡村的综合治理和建设发展，要长短结合、标本兼治，从根本上，就是要适应并促进社会生产力的发展，满足乡村居民改进生产、改善生活的诉求，满足不同阶段政治、经济、社会、文化以及所在地域对乡村发展的要求。

根据北沟村的经验，首先，短治施于村。"短治"包括规划、环境、设施等，主要提升村容村貌，完善基础设施，是在"硬件"上补足短板，奠定发展的基础条件。第二，长治施于人。"长治"包括制度、道德、意识等，主要是文化教育，增加知识，塑造乡风，统一思想，是在"软件"上为可持续发展创造主观能动性。第三，成势在于益。这是最为关键的。除血缘、亲缘、地缘关系外，人们关系建立的基础是利益。人类最基本的关系是生产关系，实质上是一种利益关系。人类之所以结成生产关系，是为了满足发展生产力这个人类自身最大的利益需求，即生存、发展的需求。

慕田峪长城游客

旅游在乡村振兴中能发挥独特作用，但旅游也不是万能的。即便是专业的旅游机构，也会面临经营问题和市场上的风险，有赔有赚是非常正常的现象。结合北沟村和其他地方的实践，外来力量参与乡村发展，要有所为，有所不为。在当前阶段以及可预期的未来时期，乡村基本的土地制度、治理结构是不会改变的。在这种情况下，外来主体要清晰明确地认识到哪些能做，哪些不能做。

第一，不触及红线。乡村是农业生产区、乡村生活区，有的乡村还处于生态保护区，然后才是休闲旅游区。前面三个都是划红线的，对开发建设活动都是限制乃至禁止的，所以要按捺住赚钱的冲动。乡村振兴战略虽然对外部的社会力量和市场主体给予了宽松政策和诸多支持，但规则和底线是清晰的。一些企业参与乡村振兴，把利益追求放在第一位，实质是在圈地、占坑，等待土地红线被突破的那一天。这种做法跟赌博差不多，很难达到目的。

第二，不与村民争利。搞乡村旅游很容易进入存量博弈的路径。比如到乡村去经营采摘园，开办农家乐等业态。这些往往是乡村居民原本就在从事的行业，这无疑是在与村民争夺市场份额，因此并不是乡村振兴的初

瓦厂酒店里的村民员工

衷。北沟村的发展是从"洋民俗"起步，即把外国的、都市里的文化和休闲业态，比如酒店、咖啡、会议、手作等引入乡村。这跟村民没有利益冲突。2049投资集团的酒店定位、餐饮品类、文化形态，与村里其他的民宿、餐厅和娱乐项目也都是有差异的，即有意识地主动规避直接竞争，采取了"差异化"策略。这是做增量式最为有效的途径，当效益提升后，还能激励村民效仿学习。

第三，不大拆大建。乡村振兴的模式和路径不是单一的。很多乡村采取了整村推进的做法，要么把种养殖业推倒重来，要么是整个村子上楼或者异

由村民住宅改造的别墅

地重建。这些做法有的出了效果，但多数半途而废。其实，大部分乡村并没有整体推进的条件，只能通过局部更新来推动整体优化。北沟村就是从具体的业态着手，从瓦厂酒店入手，从北旮旯涮肉入手，一栋一栋改造，一步一步完善。村里的核心资产还是村民的住宅、土地和产业，但企业从外围开始，从特色业态入手，推动了深入融合和共享。

第四，不要两条路，两张皮。居民生于斯长于斯，是乡村的主人。外来的企业和个人带来增量，会在初始阶段与原生乡村和居民形成鲜明差异。但这种差异不是固定不变的，需要相互适应和融合。在同一个空间里存在两个截然不同的场域，是极其不稳定的状态。乡村振兴不能以牺牲村民利益为代价，冲突的结果必然是哪来的回哪去。外来的主体不能反客为主，而是要主动融入，成为新村民，形成新的共同体。

① 探索开拓的路径

2049 集团与北沟村签约

王全书记任北京美丽乡村联合会会长

为了脱贫，为了发展，北沟村一开始就有各种谋变的尝试，也曾经选择了林果作为主导产业，在特定时期发挥了重要作用。北沟村真正走上振兴之路是在 2004 年，以王全为核心的村领导集体形成，与 2049 投资集团进入北沟开展共建为标志，进入稳定的、可持续的发展轨道。梳理这个演变和进化的历程，可以看出一条乡村建设与振兴的实践路径。

从抓环境卫生到建设生态文明。王全当选村支部书记后，第一件事是抓环境卫生，北沟村至今始

改造北沟村风貌的过程

终常抓不懈的最重要的事也是环境卫生。在抓好环境卫生的同时，还进一步扩大到优化乡村生态系统。疏浚河道，巩固边坡，全面改厕、改气，庭院绿化，消灭彩钢瓦等，从平面优化深入到立体升级，从房前屋后抓环境整治，到全面践行"绿水青山就是金山银山"的生态文明理念，营造了北沟村高品质的生态系统。

从吸引业态到打造产业。北沟村最初吸引的是"洋村民"，开展的是农家乐，然后是民俗旅游，形成特定业态的集中。虽然具有规模性，但业态单一，缺少纵深，带动力弱。2049投资集团的进入，北沟村进入到产业化发展阶段。从餐饮入手，拓展到民宿、酒店、营地，以及文化艺术，形成了分布式的商业运营机制，创造了乡村度假生活模式。村民的经营方式，则从之前的房屋租赁，到就地就业，再到自营创业。乡村实现了从瓦片经济到产业经济的华丽转身。

瓦厂酒店

从商业服务到文化营造。北沟村自身并没有深厚的历史文化积淀，在经济上以旅游服务为起点和重点，始终坚持以长城为核心，无论是规划、设计、建设，还是旅游服务和产品，都努力与长城文化相接轨，并大胆引入时尚文化、现代艺术，补足自身的文化短板。事实证明，北沟村通过探索和实践，做到了以文塑旅，以旅彰文，既坚持了乡村文化，又强化了长城文化，补充了时尚文化，通过文旅深度融合，最终将北沟村与长城世界遗产相匹配起来，成为一个整体。

瓦厂酒店

从自发到自觉。北沟村的发展一开始是自发的，"洋村民"到此租房暂住，存在一定的偶然性，也充满不确定性。村两委认识到这一点，从 2009 年开始寻求共建，引入本土资本，谋求可持续发展。于是，2049 投资集团开始驻村共建，完成了这个衔接，既延续了"洋民宿"国际化的特点，又增加了本土的稳定性。其中，党建发挥了中坚作用。由于党建，开启了村企合作之路；由于党建，村企共建才有了共同的目标、共同的理念和共同的准则，北沟村也越走越顺，越走越快，越走越好。

与潮流共振，与时代同行。北沟村也好，2049投资集团也好，都不是独立存在的，而是怀柔区、北京市和中国乡村建设与发展中的一分子。乡村和企业的发展，脱离不了经济社会发展的大背景、主脉络。只有始终行驶在河流的主航道上，船只才不会偏航，不会触礁，才能顺风顺水，抵达一个又一个港湾。

北沟村在"十一五"期间，抓住了社会主义新农村建设的机遇，整治综合环境，发展乡村旅游。在"十二五"期间，抓住了建设长城国际文化村的机遇，提升基础设施，开展共建合作。在"十三五"期间，按照全面建成小康社会的要求，与2049投资集团双向奔赴，携手合作。进入"十四五"，开启乡村振兴新征程，村企全面合作，文旅融合，开启新时代振兴之路。

按照《中华人民共和国乡村振兴促进法》，乡村振兴包含五个振兴：产业振兴、人才振兴、文化振兴、生态振兴、组织振兴。北沟村和2049投资集团的实践，也是这五大振兴在北沟从萌芽到成长，从发端到发力的过程。

唯物辩证法强调矛盾的普遍性与特殊性的统一。基本矛盾是主要矛盾的社会根源，主要矛盾是基本矛盾的具体表现。生产关系和生产力、上层建筑和经济基础之间的矛盾是基本矛盾，这是"不变"的。主要矛盾则是基本矛盾在特定发展阶段的具体体现，是"变"的。之前，社会主义社会的主要矛盾是人民群众日益增长的物质文化需求同落后的社会生产之间的矛盾；在全面建成小康社会后，主要矛盾转变为人民日益增长的美好生活需要和不平衡不充分的发展之间的矛盾。

从中国发展的总体环境来看，矛盾运动的一般性特征没有改变，但是矛盾的表现形式在不断变化，坚持内在不变的规律性特征与外在变化的现实性特征相统一是把握好发展大局的理论原则。回顾北沟村的发展历程，从最早的致富尝试到新世纪的谋变，从瓦厂酒店的窑变，到北旮旯餐厅的蝶变，从以三卅民宿为标志的嬗变，到以瓦美术馆作为北沟村发展豹变的标志，为美丽乡村的建设带来新的方向。变化的是为解决乡村基本矛盾所采取的措施和办法，不变的是适应和解放乡村生产力这条主线。

回顾北沟村的实践，展望北沟村的未来，无论是党建引领，还是中西融汇，无论是村企共建，还是居民普惠，无论是环境生态治理入手，还是走文化润泽之道，无论是对新村民友好包容，还是统筹共建国际村，都充分体现并证明，与潮流共振，与时代同行，走中国式现代化之路是乡村振兴的正确路径。

瓦美术馆（组图）

慕田峪长城美照 展现烽火台和苍松翠柏相互呼应之美

与时俱进的步伐

《易传·系辞》中有云:"《易》之为书也!不可远,为道也屡迁,变动不居,周流六虚,上下无常,刚柔相易,不可为典要,唯变所适。"这句话意思是说变化是常态的,是客观规律,只有以变应变才能把握好方向。斯宾塞·约翰逊在《谁动了我的奶酪》中也有一句名言:"Change is the only constant",即"唯一不变的是变化本身"。

无论是放在北京看,还是放在怀柔看,北沟村并不是源远流长、名人辈出的历史文化名村,在以往的大段时间里几乎无人知晓。进入 21 世纪,北沟村的建设和发展取得了成就,见到了成效,现在已经是北京和全国的明星村。但罗马城不是一天建成的,北沟村更不是。

我作为第一书记亲身经历并深度参与了北沟村的巨变。这个变化是巨大的,也是渐进的,是从环境到社会、从生产到生活的全方位变革,是积极主动谋求发展的艰辛历程,更是在中国改革开放、乡村振兴的大潮中借势发力、乘风而上的典型缩影。

帮扶乡村：我与资助村中的孩子们

1·风起（80-90年代）

2007年我到北沟村搞对口帮扶，对这里几乎没什么概念，就跟王全书记要了村史材料，一边了解情况，一边做发展规划。北沟在明代时就有了称谓，但当时尚未形成村庄，只是一个地名，全称为"营儿北沟"，是辛营村北的一个自然沟谷。至清末渐有零散村民在此开垦荒地，落脚定居。在民国年间，北沟是由辛营村代管的一个自然村。在20世纪30年代，北沟村得到官方承认，成为具有独立建制的村落。

北沟村中的老房子处处散发的质朴与陈旧的味道

虽然紧靠古都北京，但北沟村的历史很短，没啥文物古迹和风云人物。这其实跟全国绝大多数乡村是一样的。历史往往都在城市里留下深重的痕迹，你方唱罢我登场，城头变幻大王旗。广大乡村则处在暴风骤雨的边缘，乃至外围，红芳绿秀，白云苍狗，成为历史的旁观者。

中国的乡村及其经济和文化，是经过数千年农业社会深厚积淀而形成的。在以现代化为导向的社会变迁过程中，乡村所依存的经济和社会基础迅速发生变化，有的乡村直接从奴隶制社会进入到社会主义社会，有的乡村从自然经济直接跨入到工业经济、服务经济。面对这种前所未有的巨变，大多数乡村并未做好充分准备，它们或是被动接受变化，或是主动寻求融入，又或是选择保持观望，等待合适的时机再采取行动。

回顾北沟村的发展历程，有一个极其重要的条件，就是慕田峪长城的修复。1986年10月9日，北京举行了一个名为"新北京十六景"的评选活动，其中八达岭长城和慕田峪长城入选。与"不到长城非好汉"的八达岭长城相比，慕田峪长城的成名时间较晚，但后来居上，最终比肩八达岭，成为北京闪亮的文化旅游名片。

改革开放带来了巨大的旅游客流，故宫、颐和园、长城、十三陵，是人们的必到之地，大量国内外游客到北京必然会游览长城。八达岭长城游人如织，在旅游旺季人和车都异常拥堵。1985年，为了分流八达岭长城的旅客，北京市政府批准成立慕田峪长城旅游区管理处，下设慕田峪长城旅游服务公司，同时建立中共慕田峪长城旅游区办事处委员会，正式对慕田峪长城

进行旅游开发。慕田峪长城修复工作也紧锣密鼓进行，第一期修复工程自 1983 年 3 月 17 日正式开工，总投资 1250 万元人民币，修复了自 17 号楼至大角楼全长 2250 米的城墙段及 22 座敌楼。

1988 年 4 月，万事俱备的慕田峪长城旅游区正式宣布对外开放。修复后的慕田峪长城身处平原沃野与嶙峋山峰之间，自然景观形成强烈转化，连绵不绝的长城与悬崖、峡口相依附，刚柔相济，吸引了海内外游客的眼光，仅一年时间就接待游客近百万人次。尤其是吸引了国家领导人和国外政要的关注，1990 年 11 月 11 日，时任国家主席江泽民前来慕田峪视察，并亲笔题词"慕田峪长城"五个大字，让慕田峪的名字为大众熟知。

北沟村，与慕田峪长城景区近在咫尺，怀柔还是京郊旅游的发祥

慕田峪长城碑石

地，距离北京城区也只有1小时车程。但在20世纪整个80年代、90年代，北沟村与游人如织的慕田峪长城旅游，与如火如荼的怀柔乡村旅游，与快速扩张日新月异的北京城，似乎处在不同的两个世界，就像两条平行线，没有任何的交汇，哪怕是靠近的趋势都没有。北沟村，就像是一个局外人，在慕田峪长城的客流旁边，在京郊旅游的大潮之中，默默低着头，烧着窑火，等待汇入主流的那一天。

2·谋变（2004-2007）

进入80年代，农村实行经济体制改革，取消了人民公社、生产大队和生产队，原来由大队、生产队兴办的企业改由村集体统一管理，即"乡镇企业"。北沟村也利用村里的自然及社会资源，兴办村集体企业，先后有镶嵌工艺厂、绳厂、地毯厂、砖瓦厂、琉璃瓦厂。这些村企，吸收了一定数量的剩余劳动力，提高了村民的物质生活水平，完成了乡村经济的"原始积累"。其中的琉璃瓦厂，日后成为北沟村的地标，成为乡村振兴的重要引线。

乡村，是自发形成的经济社会单元，其自身的变化是渐进的、缓慢的。要发生实质性的变化，乃至进化，需要内因和外因的相互作用。乡村振兴其实在历史上发生了多次，一般有基本的经济制度或者社会制度的变革，比如土地改革、土地联产承包责任制等。新一轮乡村振兴不会在制度上有大的改变，而是有新的背景和外部动力，其中最重要的就是工业化和城市化。工业化最为突出的影响就是乡镇企业的兴起。城市化的影响则凸显为乡村旅游。

各个乡村的区位、条件和特点差别很大，我们很难拿一个乡村发展的模型去套多个乡村。一些比较发达地区的乡村提供了一条道路，就是区域一体化，即乡村要跟它所在区域的城市或经济功能区相匹配。东部的乡村要跟东部的城市相匹配，西部的城市要跟西部的城市相匹配。城乡匹配起来了，生产和生活无障碍交流了，这个振兴自然就起来了。

如果乡村与所在区域的城市相匹配、无障碍了，就既能保持城乡生活方式的差异，也能达到城乡发展的协调。不能说这个模式适用于所有地方，但是对于城市群特别是一些大城市近郊的乡村，找准自己的位置，实现与城市的一体化发展，是比较好的一个路径。这个匹配，也适用于其他资源和对象，比如城镇、旅游区、产业园区等经济功能区。其中最为直接的，就是乡村旅游。

现代意义上的乡村旅游是在 20 世纪 80 年代出现的一种旅游形态。典型代表就是创办于 1988 年的成都郫都区的"徐家大院"，被认为是"第一家农家乐"，其所在的友爱镇，也被称为"中国农家乐发源地"。最初的乡村旅游就是以"看农家景，尝农家饭，干农家活，享农家乐"为主要内容的农家乐。由于其投入小、见效快、起步迅速，即便到目前，农家乐也依然是最为普遍的乡村旅游形态。

怀柔有山、有水、有文化遗产，有民俗风情，发展旅游业有着独特优势，是京郊旅游起步最早的地区。在慕田峪长城 1988 年正式对外开放之前，附近的慕田峪村、北沟村、田仙峪村、辛营村等村落都以果树种植为主要产业，耕地较少。慕田峪长城开放后，四村各自以长城为依托，积极发展旅游及相关产业，尤以位于长城景区入口处的慕田峪村发展最为迅速。1988年慕田峪长城正式开放后，慕田峪村的主导产业就由原来的第一产业逐渐转为第三产业，80%以上的村民收入来自商品经营。在景区出口外的商业街上，有200多个摊位，全部属于慕田峪村。慕田峪村民在商业街上几乎家家有摊位。由于外国游客多，村民无论老幼都能用英文娴熟地招呼客人。田仙峪村则利用村里的山泉水，发展虹鳟鱼养殖业，开发虹鳟鱼垂钓和餐饮，也烧起了民俗旅游的旺火。

面对慕田峪村、田仙峪村等旅游先发村的成效，北沟村的村民自然是看在眼里，急在心里。但领头人并没有着急和眼红，而是沉静下来，着手美化村容村貌，提高村民文化素质。这是2004年村支部书记王全上任后的长远决策和首要事情。1978年，王全19岁去外地当兵，历练了身心，增长了见识。1981年，王全从部队退伍后，先是回村里做生产队队长，后又担任乡镇企业厂长、镇办公室主任，又几次三番进企业、创业，直到2004年，45岁的他回村当选为北沟村党支部书记、村委会主任。

21世纪之初的北沟村，依然规模很小，平坦地不多，再加上有些村民乱搭乱建，随便养殖畜禽、排放垃圾，是典型的脏乱差。村里没什么产业，村民们挣不到钱，致富的机会少，矛盾纠纷比较多。因为落后，村里人都自称北沟村为"北旮旯"。王全当时给村民们算过账，种板栗和出去务工都很难富起来，利用好慕田峪长城这个条件，发展旅游业才是最实际的。但不能一蹴而就，必须放眼长远，消除短板，才是长久之计。

王全书记当兵时的老照片

北沟村中房屋破败的一角

"街道院落就像人的脸面，没有个好的环境，村里就没法儿发展"，这是王全那时常挂在嘴边的话。于是，开展环境整治是他上任后干的第一件事。他提出了"力争环境卫生没有死角"的口号，跑遍全村每个角落，对需要整治的区域拍照片，发整改通知。他主持开班子会、党员会、代表会，让党员、代表先认领自己的整改区域，带头拆除私搭乱建棚子，旱厕全部拆除，柴火全部搬到山坡的园子去，真正达到了环境卫生没有死角的目标。

2004年王全竞选村支书时，村民的人均收入是4000多元，当时村里还外欠80多万元的债务。改变村容村貌，硬化、美化街道，整治环境卫生成为新任支书着手做的第一件事。但仅仅是不让狗乱跑、不把柴火放到大门外，这样简单的要求，都不容易让村民都做到。2007年，村委会着手编制"村规民约"，

北沟村旧照（组图）

瓦厂酒店的前身：北沟村琉璃瓦窑厂

制定全体村民共同遵守的行为规范。通过深入每户征集意见，经党员会、代表会和户主会表决通过，修订完善了 22 大项、260 余小项条款，村里人办事有章可循了。

环境的改善使得北沟村在 2007 年成为北京市第一批山区新农村建设试点。在随后的几年里，作为"首批"新农村，乡村建设项目逐年落实，同时为吸引外国人前来而建设瓦厂酒店创造了条件。外国人项目选址的条件，除了资源条件，还格外看重社区环境，要求社会稳定、干净卫生，这正是当时整个长城沿线村庄所普遍缺少的因素。

3·窑变（2007-2010）

2005 年 10 月 11 日，中国共产党十六届五中全会通过《中共中央关于制定国民经济和社会发展第十一个五年规划的建议》，提出要按照"生产发展、生活宽裕、乡风文明、村容整洁、管理民主"的要求，扎实推进社会主义新农村建设。"建设社会主义新农村"不是一个新概念，自 20 世纪 50 年代以来曾多次使用过类似提法，但在新的历史背景下，十六届五中全会提出的建设社会主义新农村具有更为深远的意义和更加全面的要求，是在我国总体上进入以工促农、以城带乡的发展新阶段后面临的崭新课题，是时代发展和构建和谐社会的必然要求。

在 20 世纪 90 年代末和 21 世纪之初，随着双休日、三个黄金周为代表的假日旅游和自驾车旅游的兴起，乡村旅游迅速发展。社会主义新农村建设战略的实施，为乡村旅游大力发展注入了新活力，带来了新机遇。多年农村的发展实践证明了一点，那就是多种非农产业在解决农村剩余劳动力、增加农民收入、改善农村产业结构等方面都发挥了至关重要的作用。乡村旅游在其中扮演了重要角色。原国家旅游局把 2006 年主题确定为"中国乡村旅游年"。2007 年，国家旅游局联合农业部印发《关于大力推进全国乡村旅游发展的通知》（旅发〔2007〕14 号）。随着农村土地承包经营权允许流转，乡村旅游吸引了更多社会资本和人才的进入，乡村旅游呈现出多元化、复合型的发展态势。

在新农村建设实践中，乡村旅游形成了很多类型。例如以观赏田园风光为主的农业观光游，以体验农事生产和农家生活为主的农家乐，以参观建筑和风貌为主的古镇古村落游，以果蔬采摘、农业科普为主的农业休闲游，以风情风俗、节日节庆为主的民俗文化游，还有停留时间长、放松身心的乡村度假。乡村旅游对农村贡献很大，游客带来了消费和信息，创造了就业，提高了收入，带动了村容村貌的美化和乡村文化的繁荣，已经成为全国各地最普遍、最受欢迎的旅游产品和服务形态。

"洋家乐"，是相对农家乐而言的，指外国人租借当地乡村的民居，改造成休闲住宿场所，吸引了大批户外运动爱好者和向往健康生活的白领阶层、外国游客，是国际文化与中国乡村文化紧密融合的一种乡村旅游业态。最早出现在开放程度较高的长三角地区，比如浙江德清莫干山、杭州梅家坞、

苏州三山岛等。

2007 年，在上海工作的英国人高天成在莫干山发现了三九坞。当时的
"三九坞"地处深山，交通不便，村民大多外出打工，山里不少房屋闲置
废弃。高天成被"三九坞"的自然风光吸引，以每栋每年 8000 元左右的
价格，租下了 8 栋废弃农房并重新装修设计，供自己和朋友休闲度假。随
着越来越多的人对他的
"小天地"感兴趣，高
天成索性就开起了第
一间"洋家乐"。随后
"洋家乐"风潮一发不
可收，最高峰时有来自
英国、瑞典、荷兰、西
班牙、法国等十多个国
家的外国人来莫干山开
办"洋家乐"。

慕田峪长城及附近村庄
也是很多外国人喜欢驻
足停留之地，他们不仅
来观光、游览和度假，
甚至把家安在了这里。

萨洋与唐亮在长城

瓦厂酒店房间内的布置，融合了东西方文化元素

其中最具代表性的就是萨洋夫妇，他们最早介入的业态是慕田峪村的小园餐厅。小园餐厅的前身是小学，因与其他村小学合并而闲置下来。2006年萨洋夫妇及其朋友租赁了学校，在保留原有结构下将校园改造成了餐厅，名字就用校园的谐音——小园。以小园西餐厅为主体，聚集了一批外籍人员。他们以自己所租赁的房屋进行旅游接待，改造后的房屋大多数为中西方设计理念的结合，青砖灰瓦的民居配上落地的大玻璃窗，现代的雕塑和古老的长城同处一处，在保持中国北方民居传统风貌的同时，借鉴了西方建筑风格的精华，如欧式壁炉、吊灯、油画等元素，融合了东西方人的审美观。"洋民俗"也引来了更多"洋游客"。外国人不但来游玩，还想长期住在这里。不少闲置的小院都租给了在这儿定居或做生意的外国人。

萨洋与大石头别墅

文化不是一成不变的，传统也在不断更新，一个时代有一个时代的使命。也正因为如此，文化才具有生命力，传统才能够绵延不绝。这也意味着，文化的更新、传统的变迁，是一种常态。取其精华，去其糟粕，与时俱进，延续脉络，是社会变迁中对待传统文化、风俗习惯的科学方法。"洋家乐""洋民俗"的出现，为中国的乡村发展打开了一扇窗。之前乡村旅游是以农家乐为主体的，北京称之为"民俗院"。乡村旅游的主要资源就是农业、农村和民俗，以吸引城里人为目标，越"土"也就越有吸引力。外国人则从另一个视角来看待中国的传统农村。从这个视角所看到的是乡村，乡村是一个跟城市相对应的词语，乡村与农村不再划等号。

我们真正的工业化历程比较短，在20世纪90年代和21世纪之初，整体上还处于工业化中期的阶段。欧美国家的工业化历史要早，要长，并且经过了城市化、郊区化，以及逆城市化的发展历程，对城市、乡村的理解要更为深刻。从"洋家乐"的发端可以看出，外籍人士是从城市化、城乡一体化的角度来看待乡村，城市和乡村的本质差别已经不是工业和农业的差别，而是区位、环境、文化的差别。"洋家乐"的出现，从另一个视角诠释了乡村。这个理念，启迪了中国的旅游人，于是农家乐开始走向民宿，观光农业开始走向乡村旅游，更多的农村也就转向乡村。

"洋家乐"作为一种创新尝试，虽然为乡村旅游照亮了新路径，但其发展方式也展现出一定的局限性。首先，外籍人士的在华时间和工作地点的不确定性，为项目的长期稳定发展带来了挑战。其次，受限于中国农村土地和房产的转让流通规定，洋家乐通常采用短期租赁方式，这与国外永久产权的模式存在差异，可能影响项目的持续性和稳定性。再者，外籍人士在生活理念和文化认同上，与当地居民及游客存在显著差异，导致接待服务多定向而非全面开放，限制了其服务范围的扩大。外籍人士作为新加入的成员，在深入乡村治理及融入本土人文生态方面面临挑战，这也影响着"洋家乐"与周边社区的交融与共进。

在"洋家乐"起步初期还是一片向好，随着品牌影响力的日益增强及经济效

北沟村中风貌、改造过程

益的显著提升，这些内在的挑战逐渐表现出来。这就像烧瓷器过程中发生的窑变，结果不外两种情况：一是窑病，二是窑宝。《南窑笔记》说："釉水色泽，全资窑火，或风雨阴霾，地气蒸湿，则釉色黯黄惊裂，种种诸疵，皆窑病也。必使火候釉水恰好，则完美之器十有七八矣。又有窑变一种，盖因窑火精华凝结，偶然独钟，天然奇色，光怪可爱，是为窑宝，邈不可得。"

无论是发展乡村旅游也好，还是村民致富、乡村振兴也好，都是久久为功

北沟村中风貌、改造过程

的工程，需要有长远的规划、既定的目标、稳定的团队与和衷共济的耐心和恒心，需要有相濡以沫、亲如一家的协同合作机制，也就是共建、共治、共享。很显然，"洋家乐"的出现，照亮了乡村旅游的一条路径，但能否持续，则存在着巨大的未知。这就如同瓷器的窑变，或可成为精品、绝品，亦可成为次品、废品，充满了不确定性。

唯物辩证法认为，任何事物的变化和发展都是内因和外因共同起作用的结果，其中内因是事物变化的根据，是事物变化发展的第一位原因、根本原因。事物的内部矛盾决定着事物变化发展的性质和发展方向。外因是事物变化发展的必要条件，是第二位的原因，在事物的变化发展过程中能够起加速或延缓的作用。外因通过内因而起作用。

"洋家乐"这道独特的风景线，为中国的乡村旅游和乡村发展提供了新的视角、新的启示，这属于外因。在特定村庄在特定阶段的建设和发展中发挥了重要作用，形成了亮点，但对于更为广阔、更为长久的乡村建设而言，并不具备普遍性和适用性。乡村振兴的核心力量应源自乡村自身，即村民、干部、人才、资本等本土元素的紧密结合与共同努力。这些本土元素构成的坚强联合体，才是推动乡村持续发展的真正主力军。就像革命战争中的人民军队需要稳定的根据地、持久的人力和给养保障一样，乡村建设也需要有稳固的基础、持续的动力和内外交流的活力。以北沟村为例，"洋村民"和瓦厂酒店的引入，为村庄带来了新的观念和形态，为乡村发展增添了新的活力。但这种新观念和新形态能否持续并发展成为可复制的模式和路径，仍存在一定的不确定性。毕竟，作为一种商业形态，"洋家乐"可能会受到外部环境、人员变动和市场变化的影响，难以避免生命周期的自然规律，从而面临发展的挑战。

因此，乡村的可持续发展不能单纯依赖外部力量，而应走本土化和内生性的道路。本土的主体需要站出来，立足于自身的条件和能力，积极消化、吸收外来的优秀元素，并逐步成长为乡村建设的主导力量。只有这样，乡村建设和发展的事业才能得以持续执行，实现真正的乡村振兴。

4 · 蝶变（2010-2015）

在乡村发展和旅游业的结合中，有"富民兴旅"和"兴旅富民"两种模式，主要差别是"先干什么"。前一种是先致富，再发展旅游，旅游功能主要是接待参观学习，是配角和副产品。后一种是先兴旅，带动村民致富，旅游是主导产业、主体功能，成为主线和主角。采取"富民兴旅"模式的有华西村、韩村河等，采取"兴旅富民"模式的有鲁家村、袁家村等。北沟村，及其所在的慕田峪区域的村落，也是采取"兴旅富民"模式的。

说起长城，很多人首先想到的是"八达岭长城"，但在外国游客眼里，则通常是指慕田峪长城。在八达岭长城，基本上是外国旅游团或者是由中国人陪伴来的外国人，自由行的外国游客比较少见。但在慕田峪长城则是另一种景象。慕田峪长城为什么深得老外的"青睐"？一些圈内人士做了总结。一是慕田峪长城共开放 20 个烽火台，沉浸式体验更加充分；二是苍松翠柏映衬下的长城，显得更为古朴和原生态；三是客流量相对较少，游览氛围更为安静和舒适；四是长城原始风貌被充分留存；五是商业区与游览区进行了彻底分割，游览体验更为纯粹。也正是因为这些特点，越来越多的中国游客也开始选择打卡慕田峪长城。

自 1985 年时任澳大利亚总理鲍勃·霍克登临慕田峪长城起，慕田峪就开始担负起接待外国政要这一特殊的外交使命。1998 年 6 月 28 日，时任美国总统克林顿访华期间，偕同家人参观了慕田峪长城。2014 年 3 月 23 日，

习近平同荷兰首相会谈
决定建立开放务实的
中荷全面合作伙伴关系

共同出席中荷经贸合作论坛开幕式

环球论坛

深化中欧合作情切意远

□ 中国现代国际关系研究院欧洲所 陈 旸

米歇尔游览慕田峪长城

土耳其击落一架叙战斗机

今年春节前，部分省市发生多起利用信用卡套现、诈骗银行案件——

信用卡套现形成灰色产业链

锐新闻

犯罪分子常以他人名义办卡套现

弥补信用缺失，亟待加强监管

不法分子成销售企业大客户

奥巴马夫人米歇尔·奥巴马与两个女儿游览慕田峪长城的新闻报道

美国前总统奥巴马夫人米歇尔·奥巴马带着两个女儿兴致勃勃地登上了慕田峪长城。慕田峪还先后迎来过英国首相梅杰、挪威首相爱尔娜、瑞士联邦主席洛伊特哈德等上百位外国政要，接待了包括 APEC、"一带一路"、中非合作论坛等在内的多项重大外事活动，成为展示中国传统文化的重要窗口。登临慕田峪长城业已成为来华访问的国家元首、政府首脑和各国媒体记者期盼的重要行程。

2010 年，怀柔区把环绕慕田峪长城脚下的慕田峪、辛营、北沟和田仙峪四个行政村及部分怀黄路路段有机组合起来，设立了"长城国际文化村"，组织编制规划，建设国际乡村生态文化集聚区。在规划指导下，形成了"游在慕田峪，吃在田仙峪，住在北沟村，购物在辛营"的乡村旅游空间格局。国际村的重要特点，就是外国人租住闲置的居民房屋，使原本破旧的中式老屋旧貌换新颜。"洋村民"的投资有效地盘活了闲置和废弃的农村资产，居民生活得到改善。"国际文化村"以本土文化为基础，引入西方元素，打造长城国际文化体系。最高峰时，有来自加拿大、法国、丹麦和意大利等9个国家的外国人在"国际文化村"居住。他们大多从事文化艺术行业，带动了经济发展和中西文化交流。到2012年，外国人改建了30余处院落。雄伟的慕田峪长城，秀美的京北水乡，中西合璧的新式民居，构成了"长城国际文化村"美丽画卷。

在北京的旅游热词搜索上，长城一直高居人气榜单。北京以长城为主题的酒店市场，先有潘石屹和十二位亚洲建筑师与八达岭长城的"处子秀"，后有开在司马台长城脚下的古北水镇。前者是地产大佬操刀而为，又有建筑界的明星班底，后期由凯宾斯基酒店集团运营管理，行的是科班路线；后者凭借陈向宏团队的"乌镇模式"和中青旅强大的背景，把江南水镇生活植入到大北方。

还有一个低调但地道的度假酒店，本是全凭个人兴趣而为的一个举动，但最终推动了一个村的发展。它就是萨洋夫妇开在慕田峪长城脚下的瓦厂酒店。萨洋与唐亮这对跨国夫妇最初是因为热爱长城脚下的生活而把家搬到了这里，住着住着就住成了事业：租下了慕田峪村废弃的小学改造成为

老瓦厂酒店（改造前）

小园餐厅（School House），租下了北沟村的琉璃瓦厂改造成了瓦厂酒店（Brickyard Retreat），并成为"长城国际文化村"的主要地标。

瓦厂酒店在开业一年后入选世界四星级生态酒店（Eco Hotels of the World）。这里的"生态"既包括字面所指的环境保护和垃圾减排，更重要的指标是酒店与当地经济发展和人文环境的契合度。酒店占地 7 亩。主体建筑在琉璃瓦厂原有的红砖结构上做改建和扩建，厂里留存的琉璃瓦被用于建筑内外的各种装饰及庭院景观搭建，"瓦厂"也因此得名。除了提供住宿就餐，瓦厂还可以承接会议接待、展览展示、企业团建及婚礼举办等功能，针对住店客人的特色活动也是这里的亮点之一，基本在每个周末都有 2—3 场形式为瑜伽、晚宴或现场音乐会的活动在瓦厂上演。

外国友人在老瓦厂酒店练习瑜伽

2008 年北京奥运会，让全世界看到一个古老而又时尚的都市北京。同期诞生的瓦厂酒店，则像长城下的一颗露珠，折射出乡村北京的新光芒。同期，北沟村还发生了迄今为止最重要的事情，就是村企共建。这个企，就是在北京率先开创"楼宇党建"先河的叶氏集团。由此王全和我走到了一起，开启了村企合作的新篇章。

王全书记一直认为，发展乡村首先是靠党建引领，要有一个好班子起到带头作用。为了引入优质资源，他抓住了北京市、区、镇党委开展"城乡共建"活动的机遇，与民政部地名研究所、区水务局、清华工美同创有限公司、北京叶青大厦党委等 20 多家城区单位党组织签订共建协议。2010 年，"叶青·北沟党员之家"在北沟村揭牌。

村企签约

我的民企党建理念与王全的乡村党建理念完全一致，党建工作与企业经营、乡村发展本就是相通的。我一直认为，党的建设是整个治理结构中的一部分，企业发展到一定水平必须搞文化建设，而文化建设中党组织发挥作用就能够形成先进文化。对于非公企业，"文化自觉"更加重要，要形成具有中国特色的非公有制企业核心价值观。这既是构建社会主义核心价值体系对非公有制企业提出的要求，也是党建引领、建立非公企业先进文化的需要。

蝶变又叫蜕变，是指变态发育的昆虫在茧中经过一个不食不动的阶段而变形为成虫的过程。蝶变一般指在蛰伏中向更好或更完美的方面极大蜕变，类似于毛虫在蛹中完成成为蝴蝶的过程，破茧的一刹那就是蝶变了。蝶变的过程对于昆虫来说非常痛苦，没有蝶变成功而死去的昆虫不在少数。在党建引领下，村企合作就有了最稳定的政治导向、最坚实的文化基础和更广泛的理念共识。在党建引领的村企合作模式下，"洋家乐""洋民俗"为乡村经济和社会发展所带来的不确定性，也就最大限度地消除了。北沟村发生了真正的蝶变。

5 · 嬗变（2015-2019）

"小康社会"是改革开放的总设计师邓小平在 20 世纪 70 年代末 80 年代初规划中国经济社会发展蓝图时提出的战略构想。随着中国特色社会主义建设事业的深入，其内涵和意义不断地得到丰富和发展。在 20 世纪末基本实现"小康"的情况下，中共十八大报告明确提出了"全面建成小康社会"。党的十八大报告首次提出全面"建成"小康社会。"建设"与"建成"一字之差，但意义深远。

在 2000 年中国实现的总体小康，还是一个低标准的小康，偏向于物质消费，对人们的精神生活关注不多；也是一个不均衡的小康，各地区、城乡、各阶层的差距还很大。全面建成小康社会的重点在"全面"两个字。这里的"全面"，既指覆盖的领域要全面，是"五位一体"全面进步的小康，也指覆盖的人口要全面，是惠及全体人民的小康；还指覆盖的区域要全面，是城乡区域共同的小康。全面小康是物质文明、政治文明、精神文明、社会文明、生态文明协调发展的小康。全面小康，经济发展是基础。2000 年实现总体小康之时，中国人均 GDP 只有 800 多美元，在世界范围内属于中低收入国家水平。而 2020 年，这一数字超过 1 万美元，中国成为中等偏上收入国家。

在全面建成小康社会的背景下，文化和旅游也开始深度融合，并向乡村地区延伸。各界对"文旅融合"的关注，大多集中在 2018 年国务院机构改

游客在瓦美参观＋购买文创

革和设立文化和旅游部前后，但"文旅融合"的产业实践和市场活动，由来已久。旅游与文化存在天然的契合性。根据多年经验，旅游与文化结合程度越高，发展得就越好。缺乏文化内涵的旅游产品是没有核心竞争力的。文化和旅游融合发展，是经济社会发展的客观趋势，也是文化与旅游增强效能、提高质量的内在要求。一方面，文化为旅游提供了核心资源和特色支撑；另一方面，旅游通过真实体验和服务促进了文化传播与交流。文化和旅游通过融合发展，还会催生出当代的新文化、新旅游，进一步提高凝聚力和文化自信。

从农家院到乡村民宿，再到乡村休闲度假区，进入"十三五"时期，京郊旅游经历了深度调整。在行业变革中，有新生力量入局，也有老业态退场。传统农家院风光不再。多数村落通过民俗接待，曾经赚到京郊游的第一桶金，但生意越来越不好做了。而一些度假酒店、精品民宿却是满房状态，配套了温泉、泳池、酒吧、K房、棋牌、星空帐篷等项目，即便是 2000 多元一晚的价格也一房难求。从"十三五"开始，北京对民俗村进行规范升级，提出乡村酒店、国际驿站、采摘篱园、生态渔村、休闲农庄、山水人家、养生山吧、民族风苑八种全新乡村旅游业态。

在深入实施农业供给侧结构性改革背景下，怀柔区大力推动传统民俗旅游向精品乡村民宿方向发展，带动了区域旅游产业的转型升级、提质增效。总体上，怀柔区民宿经营大体可以分为三种经营模式：农民自主经营，主要是农户利用自有闲置房屋，经装修后自行经营、自主管理、自负盈亏，如曦元小院、伴山小院等；"公司 + 合作社 + 农户"经营，主要由村集体合作社把房屋统一租赁给企业经营，如国奥乡居、山里中国等；引入外来资本经营，包括积极引导帮助部分知识界、文化界城市居民到乡村创业，如明明山居、闻香小驻等。怀柔区积极推行酒店式管理运营模式，统一接待标准、服务流程，不断提升精品民宿的服务接待品质。

在北沟村，三卅民宿和瓦厂酒店一脉相承，隔了一条小路，一样的红砖，但相对于瓦厂的琉璃瓦元素，三卅更有本土生活气息。

三卅精品民宿与瓦厂酒店仅一路相隔

项目在一块面积约为 2000 平方米的原村落燃气站空地上开始，从设计到落成整整花了近 5 年，一砖一瓦都靠北沟村本地的建筑队搭建完成。有了村民的参与，民宿才能真正融入并成为村落的一部分。三卅民宿的建造，充分融合了现代的管理和村民的实践，从建筑的设计、制图、沟通，到制作样品、现场测试、纠错，重新理解，再制作，反反复复的尝试，整个团队形成了一种共同的价值观。

三卅民宿共有 16 栋形态各异的屋子，每一栋都有独立的院子，但并不封闭。

坐在院子里，可以和邻居交流。大部分人都冲着长城来到北沟村，因此怎样表现长城这个元素就是对建筑师的考验。最终总设计师刘涵晓选择了一个出其不意的方式，站在民宿的后方，朝着长城的方向望去，每栋房子的屋檐串联起来，会形成一个曲线，就像长城为山脊勾勒出的线条一样——屋顶的线条在向长城致敬，这个设计被巧妙地暗藏在屋檐里。

中国人喜欢用"三"这个数字。儒家的《论语》中最为多见。比如"三人行，必有我师焉""吾日三省吾身""益者三友""君子有三戒"等；佛

三卅精品民宿全貌

教里有欲界、色界、无色界之三界，有贪、痴、嗔之三戒，以及三观、三
谛、三法印等；道家《道德经》中"道生一，一生二，二生三，三生万物"，
道出了万物之本源。三卅民宿一开始叫"第三故乡"，意指为一种特殊人
群而创造的第三种社会空间，以帮助人找寻属于自己的那一种舒适距离及
精神氛围。民宿落成之后，民宿落成之后，取名"三卅"，这是中文数字
三十三的意思，其中代表着我们的理念：就是收益约 33% 拿出来回馈企业
与员工、33% 拿出来回馈当地村民、33% 拿出来回馈社会。这种"三卅"
利益分配机制，也是支撑"北沟模式"能够成功的关键原因之一。

"社区营造"这一词汇源自日文的"町造",直译为"城市建设"。社区营造的历史可以追溯至 20 世纪 90 年代初的日本,其时日本受经济长期低迷的影响,而有社区营造打造魅力新城乡的实践,名之曰"发现乡村之光",即每一个乡村都有它独特的魅力,需要通过社区营造将之弘扬起来,推动社区经济和文化的发展。2006 年,日本国会修订观光立国基本法,将 20 世纪 90 年代的社区营造运动作为观光立国的思考与行动的未来愿景,坚持社区营造和观光应立足于地方特色魅力风采,形成所在地居民与观光客"好住""好留"及"美好的生命记忆"的永续目标,最后把成果导向观光,又以观光来回馈地方历史文化与自然的保存。

北沟村的实践,就是一个典型的"社区营造",而且是从本土化到国际化,再回归本土化的一个"社区再造"过程。北沟村的社区营造,是从环境开始入手的,从改变村民的思维意识开始试探并实行。改造环境是为了改善生活,为了达到乡村与城市之间的生活、状态、意识的平衡,在乡村生活环境改善的同时,将城市与乡村之间的意识不平等及心理上的歧视偏见弱化甚至渐渐消除,使两个群体,在不同生活模式的条件下,用一种寄托依存的关系,相互融合成为一种新的社会框架。这不仅仅是口号性或炫耀性的行为,而更是一种积极互动、生长融合的存在关系。

随着社区再造的深化,越来越多的老外和城里人到北沟村,成为新村民。外来人员最多的时候,村里定居着 30 多户。邻居都很有来头,大部分是所在行业的精英,还有好几个国外的隐形富豪,比如加拿大排名前三的富豪、石油家族企业传人、医疗行业的创始人……北沟村因此被媒体称为

北沟村航拍

"中国的比弗利山庄"。这些人起初是被慕田峪长城吸引，被瓦厂酒店吸引，但最终是因为北沟村本身而留下。除了有中西合璧的民宿设施，他们更喜欢北沟村的素养、眼界和包容。美丽的田园风光,闲适的生活状态,淳朴的民风民俗,习惯与外人相处的村民,让外国人觉得特别轻松。

嬗变,指一种元素通过核反应转化为另一种元素,或者一种核素转变为另一种核素。在这个过程中会释放出巨大能量。在新型城镇化过程中的乡村社区营造,不只是维持美丽的环境,最重要的是培养社区成员对乡村事务的参与意识,共同打造幸福家园。叫社区营造也好,新农村建设也好,叫城乡一体化也好,叫打造乡村旅游也好,都是以市场主体和村集体为联合制片人,以乡村人文为布景,以山水田园为舞台,以体验和服务为场景,以居民与游客为演员,处处是场景,人人是演员,在宜居、宜游、宜业的乡村里,共同演出一场鲜活生动的生活大戏。

6·豹变（2019-2023）

我国发展进入新时代，主要矛盾已经转化为人民日益增长的美好生活需要和不平衡不充分的发展之间的矛盾，而这种不平衡不充分的发展，突出反映在农业和乡村发展的滞后上。乡村兴则国家兴，乡村衰则国家衰。中国的改革是从农村开始的。中国要强，农业必须强；中国要美，农村必须美；中国要富，农民必须富。农业基础巩固，农村和谐稳定，农民安居乐业，整个大局就有保障，各项工作都会比较主动。实施乡村振兴战略，是解决新时代我国社会主要矛盾、实现"两个一百年"奋斗目标和中华民族伟大复兴中国梦的必然要求，具有重大现实意义和深远历史意义。2021年4月29日，第十三届全国人大常委会第二十八次会议表决通过《中华人民共和国乡村振兴促进法》，全面实施乡村振兴战略，开展促进乡村产业振兴、人才振兴、文化振兴、生态振兴、组织振兴，推进城乡融合发展等活动。

中国是典型的农耕文明，自古以来，乡村就是中国文化的源泉。中华文明历经数千年发展，积累了数量庞大且珍贵的乡村文化遗产。文化繁荣是乡村振兴的必备条件。《中华人民共和国乡村振兴促进法》规定，各级人民政府应当采取措施保护农业文化遗产和非物质文化遗产，挖掘优秀农业文化深厚内涵，弘扬红色文化，传承和发展优秀传统文化。

聚落，本义是指村落，后来泛指人群聚居的地方，包括都市，城镇和乡村等。总体上看，聚落是一种空间系统，是一种复杂的经济、文化现象和发

改造后的瓦厂酒店一角

展过程，是在特定的地理环境和社会经济背景中人类活动与自然相互作用的综合结果。文化聚落是在长期的发展过程中，集中积累和保存的大量的文化建筑和文化载体，体现了特定时期的社会经济基础和文化形态。文化聚落是特定主题的文化聚集及其所引致的相关要素构成的生态系统。当代中国最为知名的文化聚落，是位于成都大邑县的建川博物馆聚落。

北沟村的文化聚落，是以民宿和酒店为载体的，文化则植入到这些业态和要素之中。这里一个文化主线，就是长城。无论是瓦厂酒店、三卅民宿、北旮兑涮肉，还是瓦美术馆，以及 50 多家精品民宿，每一个酒店、院落、房间的设计和建设的核心原则，就是"看得见山，望得见长城"，共同构成北沟文化聚落。

中国乡村的公共资源有限，长期以来处于自给自足的状态，因此最讲究实用性。有用的、能解决问题的形式就容易接受，不实用的事物就会被抛弃。传统的文化空间是自发、自觉形成的，来自个人和家庭对公共秩序、集体力量的依赖，因此能够流传下来。但随着需求的变化，使用率越来越低的设施也就渐渐消亡了。现代公共文化空间和设施要与乡村的生产生活紧密结合，切实发挥实际作用，才能良性运转，提高效能。

北沟村于 2007 年和 2015 年，分别开展两次革新运动，第一次是"环境革命"，第二次则是在环境更新基础上的"文化再造"。2007 年开始的环境革命是一个开端，在新农村建设背景下，通过狠抓环境卫生、村容村貌吸引了外界的目光。废弃的琉璃瓦厂被萨洋夫妇改造成了酒店，促使乡村文

瓦美术馆开幕式时艺术家的即兴表演

73 岁的艺术家用摩托车做画

在游览瓦美术馆的客人

化意识在环境革命的过程中不断生长。2049 投资集团从村民的日常生活开始进行帮助，在闲置民房与生活模式上进行整合和创新，对村子进行再造。

《周易》革卦："大人虎变，小人革面，君子豹变。君子豹变，其文蔚也。"幼豹长大褪毛，然后疏朗涣散，其毛光泽有文采，此为"豹变"；意指人要成为君子，就要像豹一样经过"蜕变"。北沟村的豹变，是在"环境革命"基础上的"文化再造"，新的乡村生活模式形成了，新理念的景观和建筑设计参与其中，极大地推动了层层深入的文化革新。

北旮旯涮肉乡情驿站从乡村大棚厨房被改造成老北京涮肉和乡村会客厅；燃气站空地被勾勒成了三卅村落型民宿，尊重本地材料和建筑语言的建造方法填充入现代生活方式，将城市与北沟乡村生活融合。随之，原本的瓦厂酒店又被重新改造，更加凸显出北沟村的原本特点和文化，也用更加自信的表现形式，体现出琉璃瓦及长城脚下村落的底蕴。

瓦美术馆，原名北沟乡村艺术建筑美术馆，于 2020 年 9 月 3 日开始实施，历时一年落成。10 月 30 日"局部城市"展览开幕，第一次通过艺术乡建的方式实现乡村艺术复兴。2022 年开设北沟乡建主题展，设置现在、记忆和未来 3 个空间。土生土长的北方村落，逐渐变化成为与国际接轨的先锋村落。

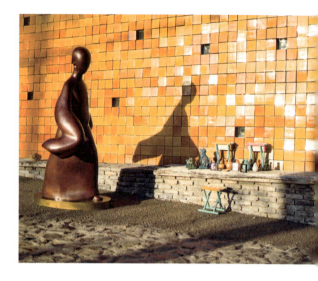

瓦美术馆展出作品——行走的紫金城

游客在游览瓦美术馆

瓦美术馆（组图）

美术馆的概念，已经潜移默化地在不间断地对于乡村振兴、生活融合、社区生活的归纳和讨论之中，逐渐形成。

乡村社会的发展和变迁伴随着现代化的进程取得了历史性成就，但同时也带来了农村传统价值观念的变迁。传统意义上的乡村精神家园受到巨大冲击，而现代意义上的乡土文化认同又尚未建立，传统文化在农村现代化的建设中呈现"破坏有余"而"重建不够"的特点。1997年费孝通先生在北京大学首次提出"文化自觉"，为应对全球一体化提出解决人与人关系的方法。费孝通先生认为，生活在一定文化历史圈子的人对其文化有自知之明，并对其发展历程和未来有充分的认识。文化自觉是人对文化功能自觉能动性的反思，使文化摆脱异化，从而在"自知之明"中回归到自身，其本质是人能动地认识文化发展规律并依据规律对文化进行保护、传承与创造。

我国的城乡差距在城乡分工出现后便已形成，随着社会发展城乡差距愈发严重，乡村在经济收入、文化生活、发展机会等方面处于劣势，如果缺乏"文化自觉"，乡村很容易受到外来冲击。唯有实现"文化自觉"，乡村才能实现文化振兴。北沟村的发展和转变历程就验证了"文化自觉"的形成和重要意义。从最初的"洋民俗"进入带来的观念上的冲击，到逐步接受"洋民俗"，改进民居，并与之包容、共存；从一开始的直觉出发抓环境卫生，到定章立制，从教育入手，提高村民文化素养和认知水平，主动维护村容村貌；从一开始的"洋酒店"瓦厂酒店到体现本土生态的"三卅民宿"，再到公共文化地标"瓦美术馆"。纵观北沟村的这个演进过程，就是一个乡村经济发展和文化建设从自发到自觉的过程。

因地制宜的谋略

1 · 在地化

本地化（Localization）是相对于全球化而来的另一种趋势，是指将某一事物转换成符合本地特定要求的过程，既能适应本地要求，又尽可能地保持原有的特定情境含义。本地化又分为本土化和在地化，其主要区别在于：在地化，是外来的融入当地；本土化，是当地的归返乡土。本地化的主要目的就是适应需求或降低成本。旅游上与本地化相关的概念，就是在地性。

在地性，是旅游产品的一个重要共性，也是旅游业与其他产业相区别的重要特性。一方水土养一方人，在地化就是因地制宜，就是靠山吃山靠水吃水，就是在什么地方干什么事。旅游演艺专家张小可总结的实景演出的特点就是"此时、此地、此人"。简单说，在地性就是此时、此地、此人、此事、此情、此景；除此之外，别无分号。旅游之所以产生，就是因为旅游资源和旅游产品具有在地性，"不行，则不知；不到，即不见"。

我们一直坚持人才培养与团队沟通，打造了一支专业、齐心的服务团队

在地化的核心，是企业全面融入，社区深度参与，居民切实受益。结合北沟村的实践，主要是有的放矢，多管齐下，统筹推进。

第一，培训和沟通。培训主要是面向乡村居民。内容包括旅游经营服务的知识与技能、文化保护传承利用等。除了文化站、服务中心、农家书屋、游客中心等文化和旅游公共服务设施，2049投资集团的民宿、酒店、餐厅等经营设施，都是培训的场所和途径。信息不对称是影响参与度的重要因素。村委会及时向居民定期通报发展的实际状况和最新动向，为居民答疑解惑。规划编制、政策制定、招商引资、项目建设等重要事务，虽然有一定的专业性，但也要做好解读和普及，听取居民的意见和建议。

第二，当地利益优先。乡村建设和发展涉及的主体和群体较多，各

北沟瓦厂后院菜地

有各的权益和诉求，应通过协商，形成一致认同的制度，有章可循，有法可依，便于解决争议和纠纷，促进社区与经营机构的和谐共建。在制度中应明确规定，在同等条件下，优先吸纳居民就业，优先采购当地产品和服务，最大限度地让村民受益。2049 投资集团经营的酒店、民宿、餐厅，从用工招聘到食材采购，都严格遵守了居民优先的原则，包括所有建筑的建设、改造以及建材，都由北沟村的建筑队来实施，最大限度地将经济利益留在了北沟村。

第三，发现和支持能人。乡村振兴，人才是关键。关键中的关键，是那些在乡村具有创业、营销、技术等能力、德才兼备的"乡村能人"。他们是乡村新知识与新技术的先行者，带头致富，用实际效果言传身教或示范带动村民。讨教和效仿能人，历来是农民简单、实用、有效的学习机制。乡村网红、民宿业主、作坊掌柜，都是能人，作为"标杆"，在乡村旅游中的示范作用更为明显。

通过在地化，北沟村居民的工作和生活进入了新状态。北沟村曾是一个典型的留守村，青壮年大都外出务工，只留下老人和孩子。现在，村里的民宿、餐厅统统打开大门，欢迎"原住民"回来工作，并形成了不同的职业圈：建筑队、园艺队、厨师队、服务队、后勤保障队……已过中年的宋翠红，曾是村里的家庭妇女，现在是小有名气的西餐主厨，常有媒体来北沟村采访她。赵秀静之前一直在北京市区工作，现在回来管理新民宿，其中一个重要原因是村民文化素养的提高，让她觉得"软环境"特别好。土建队长王义、绿化园艺负责人李凤全，已经过了退休之年，依然能挣到不错的收入。北沟村的土建、园艺工作都由村民来承担。

村民在长城厅用餐

回到村里就业的北沟村民，综合收入一个月能挣到 5000 元左右。由于工作、生活和旅游空间是高度重叠的，因此在北沟很难分得清哪些是居民，哪些是员工，哪些是游客。工作之余，居民也会去三卅和瓦厂的西餐厅解馋，日本菜、越南菜、法国菜……70 岁以上的老人，还能去助老食堂，一天免费提供两餐，实现了老有所养，老有所依。当然，传统的乡村生活方式仍然继续：春天上树剪枝；秋天打栗子；冬天在社区中心的玻璃房，烤火、赏雪……

通过在地化，2049 投资集团不仅有效降低了运营成本，融洽了村企关系，也在营造一个新乡村。从长远看，不仅仅是一个乡村，而且是一个具有新文化、新居民、新生产关系的新社区、新家园。在地化，唤醒人们对土地、对家乡的感情，拉近了邻里间的关系，强化了人们对生活环境与空间的主控权，成为一个真正由下而上、主客共享的家园再造。

2 · 重匹配

经济结构是指经济系统中各个要素之间互相关联、互相结合的比例关系。最为常见的是国民经济中的三次产业结构。一定的社会经济和技术条件，要求与它相适应的经济结构。经济结构的各个组成部分是有机联系在一起的，具有客观制约性，不是随意建立任何一种经济结构都是合理的。一个国家和地区的经济结构是否合理，主要看它是否适合实际情况，能否合理有效地利用人、物、财和资源，推动劳动生产率提高和生产进步。好的经济结构，其组成要素之间是相互匹配的，相互耦合的，能够发挥出集约性和聚合力。反之，则是需要优化的经济结构。

发展中的一些问题和矛盾，在发端之初是隐藏起来的，或者尚未到激发的边界。但在形成一定规模和影响力、产生明显效益的时候，这些问题和矛盾就逐渐暴露出来了。这就像是金融产品中的期限错配，如果风险缓释的期限比当前的风险暴露的期限短，就会产生期限错配。英文对应的词语是 maturity,mismatch。其中 maturity 即"成熟"，引申为"到期"；mismatch 即"不匹配"。期限错配就是资产端期限与负债端期限不匹配，主要表现为"短存长贷"，即资金来源短期化、资金运用长期化。这是引发银行经营风险的一个重要因素。

同样，乡村振兴、乡村旅游中也存在结构优化的需要。乡村是以第一产业即农业为基础的。随后有的乡村发展了乡镇企业，有的乡村发展了乡村旅游，形成了不同的产业结构。在实践中，有"富民兴旅"和"兴旅富民"两种类型，主要差别是"先干什么"。前一种是先致富，再发展旅游，旅游功能主要是接待参观学习，是配角和副产品。后一种是先兴旅，带动村民致富，旅游是主导产业、主体功能，成为主线和主角。"富民兴旅"类型的，有华西村、韩村河等。"兴旅富民"类型的，有鲁家村、袁家村等。

比如江苏省江阴市的华西村，于 1961 年建村。通过 70 年代"造田"、80年代"造厂"、90 年代"造城"、新世纪"育人"，把华西村建设成了"全国文明村镇""全国文化典范村示范点"。历届党和国家领导人，都对华西村给予了充分肯定和高度评价。借助参观学习的群体，华西村发展旅游业，兴建了一批地标建筑和游览区。再比如北京市房山区韩村河镇，改革开放以来，以建筑业为龙头，带动集体经济全面发展，村民共同富裕，一个 30 多人的村级建筑队发展成为国家资质一级大型建筑企业集团，居民家家住楼房别墅，由此也开展了"观新村景，吃农家饭，住别墅楼，摘特色菜"的系列旅游活动。

北沟村显然与这两个村不同，是属于"兴旅富民"类型的，即与袁家村同属一种，但在具体模式上走出了自己的路径。尤其是2049 投资集团进入后，将其在城市商业运营和现代服务业领域的专长与北沟村的实际条件和比较优势相结合，形成了一个乡村振兴的"匹配"模式。具体说，就是让北沟村与乡村相匹配，与长城相匹配，与北京相匹配，最终与时代相匹配。

与乡村相匹配，就是优化乡村生态，保护乡村文化，营造乡村生活，实现乡村价值，杜绝庸俗化，避免城市化。与长城相匹配，就是事事处处以长城为中心，规划和配置服务设施，保证建设和运营的高品质衬得上长城世界文化遗产。与北京相匹配，则是发挥区位优势，融入北京国际都市圈，借力北京，服务北京，实现主客共享，城乡一体。与时代相匹配，就是紧跟潮流，不脱节，不掉队，顺势而为，适度超前，与主旋律共振，走中国式现代化之路。

北沟村村民生活质量大幅提升

瓦美术馆的出现，为北沟村增添了艺术文化气息

三卅精品民宿建成时，秦总与团队的合影

在践行乡村振兴的道路上，我们更要看到城市化、城镇化是必然趋势。乡村振兴不是孤立的战略，而是在新型城镇化背景下的乡村振兴。城镇化是国家实现现代化的必由之路和强大动力，这是已被各国实践证明了的规律。随着城镇化的推进，农村人口会逐步减少，有些村庄也会因各种原因而消失。城市与乡村在经济、社会、文化、生态等方面具有不同的功能，城乡之间只有形成不同功能的互补，才能使整个国家的现代化进程健康推进。实施振兴乡村，绝不是不要城镇化，也不是要把城乡发展对立起来，而是要从我国的实际出发，科学引领现代化进程中的城乡格局及其变化。

在建设发展中，2049投资集团在"与乡村匹配，与长城匹配，与北京匹配，与时代匹配"这四个匹配上发挥了中坚作用。北沟村在传承生态文明和生活智慧的同时，充分依托北京国际大都市圈，引入"洋气"的，时尚的，简约而不简单的经营理念和休闲方式，依托城市化，接纳国际化，借力工业化，始终坚持了乡村本色，锚定生态文明不放松，没有跑偏，没有变质，营造出了新乡村、新生态，创造了新模式。

放眼长远的考量

创新是值得鼓励的，但很多创新只是形式上的，甚至是说法上的，只能昙花一现，并没有成为收支平衡、可持续的商业。革新是革命式的创新，是变革性的，能创造价值并继续下去。2049投资集团和北沟村的革新，有项目上的，有机制上的，也有理念上的。机制的运营周期是十几年如一日，最新的项目实践时间也超过了三年，可以说是经得起时间的检验，经得起实践的考验。

1 · 田园生活行家

对于旅游概念的界定有很多种，各有各的出发点和落脚点，这充分体现了旅游业的包容性和动态性。其中有一种是把旅游界定为一种生活状态，通俗地说就是离开自己活腻了的地方到别人活腻了的地方换个活法，高雅地说就是差异化、体验性的短期生活状态。很多旅游企业也定位于此。比如

村民日常劳作

北㟁晃涮肉作为北沟村中国际美食的标志性项目，一直以来吸引着诸多老饕的到来

北京的旅游龙头企业首旅集团，就定位为"精彩生活方式服务商"。中央国资委直属企业华侨城集团，定位为"优质生活的创想家"。

2049投资集团在北沟的投资和运营，以民宿、餐饮和文化为三个支柱，根植于乡村沃土之中，通过脚踏实地的探索和实践，成为"田园生活行家"。

第一，面向城市需求。"城外的人想进去，城里的人想出来"。向往田园生活的一定是城里人，而且是具备一定条件的城里人。2049投资集团的客户是城市人群，且根据错位要求，定位在高端客群，包括高净值的家庭，以及商务客户。这部分人群对乡村的需求，并不是原汁原味的乡村生活，而是经过提纯、增味和优化之后的乡村生活，即理想中的田园生活。

第二，立足乡村生态。2049 投资集团在北沟，所利用的资源是乡村的，依托的环境是乡村的，核心的文化是长城，大部分从业者也是乡村的。无论是民宿、餐饮还是艺术场馆，项目都根植于乡村，从土壤中生长出来，与乡村生态融为一体，成为不可分割的一部分。现在已经无法说清楚，是北沟村成就了瓦厂和三卅，还是瓦厂和三卅成就了北沟村。

第三，提供现代服务。乡村振兴与城市化、城镇化是交织并行的，属于同一个主旋律。学者魏小安对文化旅游项目开发有一句至理名言：传统文化，现代解读；传统资源，现代产品。意思就是必须让传统的资源进入现代市场，为当代所用，才能实现长久传承。2049 投资集团在乡村提供的服务，有铜锅涮肉，但更有法餐日餐、美酒咖啡，更有简奢主义的客房和先锋主义的展览，是现代化的休闲度假服务商。

2049 投资集团在北沟的最终产品，就是营造田园生活。所谓营造，是通过经营来创造。小隐隐于野，大隐隐于市。田园生活，就是源于乡村、高于乡村，面向城市、又逃离城市的大隐境界，也就是陶渊明在《归园田居》里描写的心态和场景：方宅十余亩，草屋八九间……久在樊笼里，复得返自然。

乡村与农村不是划等号的。"农村"是相对于"工厂"之类而言的功能概念，指专门从事农业生产、种植粮食和农作物的地方。"乡

瓦美术馆的琉璃瓦墙与村民合影。这张照片将现代与传统诠释得很充分，也是建立瓦美术馆之初希望看到的艺术与村民共融共生的状态。

村"是相对于"城市"而言的地域概念，功能不仅仅是农业生产区域，还可以开展工业、商业、服务业等各种产业。"乡村"比"农村"范围更大、含义更丰富。中央提出"乡村建设""乡村振兴"，而不用"农村建设""农村振兴"，一字之差，其内涵的理念和实践、能量和影响是不同的。

同样，"田园"与"农村"也不是划等号的。田园与乡村是近义词，是与城市、世俗相对应的，是回归的、超然的。从发生和发展路径上看，城市是"逆乡村"的，但作为母体，乡村对城市一直产生着影响。最为典型的是田园城市。19世纪末英国社会活动家霍华德在《明日，一条通向真正改革的和平道路》中提倡建设一种兼有城市和乡村优点的理想城市，即"田园城市"。1919年，英国田园城市和城市规划协会提出田园城市的含义：为健康、生活以及产业而设计的城市，它的规模能足以提供丰富的社会生活，但不应超过这一程度；四周要有永久性农业地带围绕，城市的土地归公众所有，由一专业委员会受托掌管。田园城市理论对现代城市规划思想起了重要的启蒙作用，对后来的如"有机疏散"论、卫星城镇等城市规划理论有很大影响。现代一些重要的城市规划方案和城市规划法规也反映了田园城市的思想。

可见，田园生活在中国乃至世界上都是一种回归自然的生活状态和精神境界。田园生活的近义词是隐逸。中国农耕社会几千年，田园情结深深嵌入中国人的历史记忆与文化基因当中。特别是文化人，晴耕雨读是历代士子的理想状态。隐逸文化，生成于魏晋，在文人士子中备受推崇，对中国文化形成了深远影响。历代都有著名的隐士。有的是终生隐居，比如宋代的林逋、元代的吴镇、明代的徐霞客；有的是中途归隐，比如南北朝时的陶渊明；有的是半仕半隐，比如南朝的陶弘景和唐朝的王维；还有功成身退的，比如春秋时越国的范蠡，秦末的张良。

在中国知识分子内心中，或多或少都存在隐逸情结，这来源于传统文化潜移默化的影响。道家主张清虚自守，远离政治，因而对隐逸极为推崇。儒家也有很深的隐逸情结。孔子说：天下有道则现，无道则隐；又说：道不行，乘桴浮于海。孟子也说：穷则独善其身，达则兼济天下。对于道家来说，隐逸是一种生存方式，是持久的。儒家的隐逸则是一种生活状态，是暂时的。不管怎样，隐逸文化，体现了中国人对乡村、田园的割舍不了的情结，继而成为一种信仰。

《指月录》卷二十八"六祖下第十四世"中有青原惟信禅师的言论：

> 未参禅时，见山是山，见水是水。及至后来亲见知识，有个入处，见山不是山，见水不是水。而今得个休歇处，依前见山只是山，见水只是水。

人们认知世界的过程是呈螺旋上升形态的。看山是山、看山不是山、看山又是山，这三重境界对应了感性、理性、知性的三种认知层次。大多数人究其一生，辛勤忙碌，仍不能及第三个境界。田园生活，对这种境界的追寻、体会和探求，就是返璞归真，回归初心，即便是终不能及，也会有所收获。

2·视觉至上原则

人类是通过视觉、听觉和嗅觉等感觉器官来认知事物的，其中最依赖的是视觉。虽然根据感知对象的不同，感觉器官的使用比率也不相同，但视觉的重要性是最高的。根据美国哈佛商学院相关研究，在普通人从五感接收到的日常信息中，视觉接收达83%，其次是听觉11%，然后依次是嗅觉、触觉和味觉。人们用了很多词语来描述视觉的重要性：眼见为实，先见之明，真知灼见，见多识广，少见多怪，百闻不如一见，等等。

即使是吃东西，视觉也是至关重要的。中国饮食讲究"色香味意形"，色就是指颜色和色彩，排在第一位，对食欲起到决定性作用。人的听觉判断也会受视觉影响。英国心理学家麦格克（McGurk）和麦克唐纳（MacDonald）进行了一项实验，接受实验者被图像中发声人的口型所"欺骗"，证明当人的视觉和听觉获得的信息不一致时，人会优先提取视觉信息。这种现象在心理学上被称为"麦格克效应"（McGurk Effect）。

对艺术和哲学的研究表明，最初的西方文化是一种听觉文化，人们对语音力量的依赖性和敏感性最高，比如说教和音乐。视觉优先出现在公元前5世纪初，集中在哲学、科学和艺术领域，见和知是等同的词语，赫拉克利特宣称，眼睛"较之耳朵是更为精确

瓦厂西餐厅的招牌美食（组图）

的见证人"。进入当代社会，生产
生活节奏快、选择多、信息爆炸，
人们没有耐心、没有时间去细致了
解每一件事物，于是视觉效果就
成为决定时间资源分配的第一法则。
正所谓"颜值即正义"，旅游是典
型的"视觉"产业，旅游景区自不
必说，酒店也好、餐馆也要，首先

得好看、经看，然后人们才关心是不是好吃、好玩。

2049投资集团在北沟的实践，坚持了"视觉至上"原则，即对资源、空间、设施的选择和安排以实现视觉效果为第一原则。这一原则，大到三卅民宿的选址，中到院落的布局、窗户的位置，小到客房的家具和布草选择，从全面展现乡村的、

壹淼越南菜的招牌美食（组图）

丰盛的瓦厂早餐也承载着北沟老百姓浓浓的烟火气

瓦厂早餐手工馄饨，源自北沟村的农家味道

田园的特色，到一切为完美无瑕的长城视线让路，时时处处都给予严格遵循和落实。

首先，长城的绝对视觉优先。大部分人都冲着长城来到北沟村，怎样表现长城这个元素是对设计师的考验。在瓦厂酒店，客房设计了超大玻璃窗与半截窗帘，无论是在阳台还是躺在床上，甚至是淋浴的时候，都能欣赏到长城景

观。 在三卅民宿，每一栋房子都有院子，但并不封闭，住客在各个角落都能更舒服地看到长城。 在酒店、餐厅的公共空间，都在观看长城的最佳角度和位置上，设置了观景台和视窗，配置了高倍望远镜。

以长城作为全村的各个项目、设施选址、建设的绝对视觉核心，这不仅仅是对规划和设计的原则性要求，更体现了对长城的尊重和突出。 从功能上说，从产业上看，与慕田峪村等相比，北沟村对长城的客观依赖度并不高，但 2049 投资集团通过坚持以长城为核心的视觉至上原则，在事实上建立起了北沟村与长城之间不可割裂的联系，通过后天的努力将长城基因深深地植入到北沟村的角角落落和方方面面。

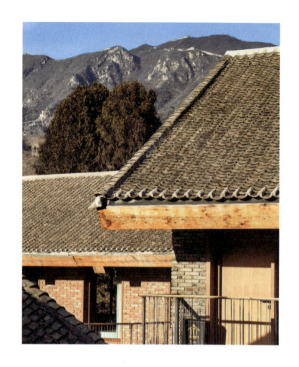

在三卅精品民宿中眺望长城

在瓦厂酒店的长城观景台可远眺长城，能非常清晰地看到"忠于毛主席"

其次，文化符号优先。北沟村的历史并不久远，因此即便是短暂存在过的建筑和设施，即便是已经废弃，也都被有意识地保留并加以利用，比如琉璃瓦厂、果窖等。曾经的琉璃瓦厂作为乡村的重要遗产得以留存，在改造成酒店时，竭尽所能地保留原貌以及烧制的痕迹。前台旁的几个老窑洞作为艺术展览区被保留了下来，在小广场、庭院里以及围墙上，砖瓦元素与现代艺术的融合随处可见。不仅仅是名字，酒店的一砖一瓦、一土一木都在体现着这个北方乡村的文化风格，而且手可触摸，肉眼可见。

再次，整体视觉优先。具体体现在全村的"彩钢瓦革命"上。北沟村是典型的山乡，村子不大，村落随形就势，建筑沿山坳分布。在稍高的地方一站，整个村落一览无余。在2015年之前，彩钢瓦是山村景观的一个大硬伤。由于经济实惠，彩钢瓦在北方被广泛用于民居和厂房建设。颜色要么是红色，要么蓝色，在绿水青山和长城脚下，显得低廉和土气。但不能强制更换，毕竟需要投入成本和时间。为解决这个视效缺陷，一方面，2049投资集团自身的项目杜绝彩钢瓦，努力用好建筑的实际效果来带动居民；另一方面，依靠村委会，一家一户做工作，引导居民更换屋顶材料。通过五年的努力，彩钢瓦在北沟村已经被革掉了命。现在到任何一个高度，在任何一个角度看，北沟都是一个美丽、干净、简奢的北方山乡。

视觉至上原则，不仅仅体现了对长城的崇尚，对文化的尊重，也体现了2049投资集团的精品意识和工匠精神。三卅民宿的规模并不大，占地只有2000平方米，但从设计到落成整整花了四年，而且一砖一瓦都靠北沟村本地的建筑队完成搭建。村民们一开始质疑建筑师的选择，到后来反而给建筑师一些建议。建筑都尽量使用本地材料。建造团队融合了现代管理和村民实践，从建筑设计、制图、沟通，到制作样品、现场测试、纠错、重新理解，再制作，反反复复地尝试。例如经过反复实验，室内选择了硅藻泥，既静

瓦厂酒店

谧柔和，又保留了乡村的"粗糙感"。整个建造过程，就是一个不断尝试、不断磨合、不断修正，以达到最佳视觉效果的过程。

3 · 分布式商业

近十年，移动互联网、数字化、智能化技术蓬勃发展，在引入数字社会和智能时代的同时，也迎来了新的经营方式——分布式商业。分布式，就是把一个大问题分成许多小部分，通过分部分进行处理来解决大问题的方法，可以简单理解为"化整为零，分头解决"。基于此原理，出现了分布式计算、分布式存储、分布式能源等构建形式，也催生了平台型电子商务巨头。简单说，分布式商业就是基于平台的商业"共享"和"协同"。

企业在经营的过程中，产生了大规模的数据。当机构之间的数据被打通并实现流转以后，就产生巨大的商业价值。这就像一条高铁线路，让沿途城市之间产业供应链的关系变得更加紧密，沿着线路，会衍生出很多分布式的协同商业关系。在实际产业中，运营过程中产生的数据，可以看作"火车"，每个企业可以看作独立的"车站"，当数据"跑"起来时，基于同一市场的分布式商业协作，就形成了。分布式商业对生产力的解放过程，是点动成线、线动成面、面动成体的过程，也是从单一纬度，变得逐渐立体、多元的过程。

在北沟村，除了瓦厂酒店、三卅民宿，还有不少的单体民宿和客栈，数量超过 50 家。这些住宿设施，分布在全村各处，也有不

北沟村航拍

同的业主。在 2049 投资集团进入北沟之前，这些设施要么独立运营，要么委托给专业人士，当时的萨洋就承担了这样一个角色。应该说，初期阶段形成了民宿整合运营的雏形，但还未达到分布式商业的要求。

分布式商业是一种由多个具有对等地位的商业利益共同体所建立的新型生产关系，通过预设的透明规则进行组织管理、职能分工、价值交换、共同提供商品与服务并分享收益的新型经济活动行为。分布式商业具有规则明确、多方参与、利益一致、松散耦合、顺畅协同等特征。2049 投资集团进入北沟之后，最终完成了这个分布式商业的搭建和运转。

大石头别墅

2049投资集团以自己管理的瓦厂、三卅、别墅等住宿设施为核心，在北沟村构建了一个分布式住宿集群，即统一标准、统一运营，统一服务、统一结算。瓦厂酒店的前台，就是全村民宿的前台。即便是没有接入网络的民宿，与网络内依然可以调配床位，满足顾客需求。同样，以北旯旯涮肉、三卅和瓦厂餐厅为核心，构建了一个全村民宿共享的餐饮服务体系。北沟村的单体民宿几乎都不自配餐饮，而是共享2049投资集团运营的餐厅，既降低了经营成本，也提高了顾客满意度。

对于分布式商业而言，数据和管理技术是重要的，但并不是最关键的。最关键的是透明的规则和明晰的分工，以减少离心力，保障共同价值。北沟村的住宿和餐饮单位之间，没有相互压价，也没有拉客和撬单的现象。这里最关键的，就是经营单位之间有明确的错位定位，把直接竞争最小化，把互补最大化。2049投资集团住宿业的市场定位是高端和商务，其他民宿则瞄准中端客户和大众休闲。餐饮也是同样的差异，连菜系都不雷同。

分布式商业是最适宜乡村的一种经营方式。乡村脱胎于自给自足的小农经济，生产资料是分散的，归属于不同的家庭户，属于集体的生产资料是极少的。依托产权分散的房屋、碎片化的园地等资源构建起来的乡村旅游要素，无论是民宿、农家乐还是采摘园，都难以实现集约化，这是乡村旅游难以实现产业化的一个根本原因。分布式商业则可以通过"所有权和经营权分离"，用平台化、共享化解决这个问题。简单说，就是把全村的民宿、餐饮等商业，当作一个平面分布的酒店来统筹经营。能把分布式商业做成、做好，做得各方都满意，这是2049投资集团在北沟的重大商业革新。

4 · 党建统领

党建统领在中国的经济社会中是普遍的现象，本身并不是北沟村的革新。但通过党建来统筹开展乡村振兴和村企共建，形成坚强有力的新体制、新机制，则是北沟实践的重要创举。

21 世纪之初，伴随非公有制经济的迅猛发展，汇聚着不同所有制、不同行政隶属关系、不同用工制度单位的商务楼宇，成为党组织建设的"盲点"和"短板"。楼宇党建是一种在社区党组织领导下，由属地党组织牵头，以楼宇为单位来建立党组织和党员服务站的党建模式。2006 年，北京市第一家商务楼宇党委——中共叶青大厦委员会成立，我当时任叶氏集团总裁，牵头完成了这项开创性任务。我曾在北京市政府部门工作，在 20 世纪 90 年代末下海投入市场经济大潮中。当时下海后的党员，组织关系还留在原单位，驻厦企业内"有党员无组织、有组织无上级"的现象十分突出，大批青年人的政治诉求也难以实现。我认为，非公领域党建工作关系到党的执政基础和群众基础，"商务楼宇党建"是巩固执政党地位的必然要求。在各方努力下，2006 年 9 月 5 日，中共叶青大厦委员会正式成立，下设 9 个党支部，党员 105 名，形成了以楼区为单位的党建工作体系，组织关系隶属于北京市朝阳区非公经济工委。叶青大厦党委成立后，积极走

王全书记介绍北沟村的情况

北沟村党员活动室

出去开展共建。2009 年底与怀柔区渤海镇六渡河村达成共建协议。2010
年与北沟村达成共建协议。由此我与北沟村走到了一起。

村委会的前面立着"初心"之石，与我们的初心不谋而合

北沟村党支部成立于 1948 年 10 月。王全是 2004 年当选的书记。经过多年的努力，北沟村从被人嫌弃的"北旯旮"变成了众所周知的"明星村"。王全总结经验认为，首先是靠党建引领，要有一个好班子起到带头作用；其次要发展产业，让村民们富起来；第三，要在村里文化设施建设、生态环境提高等方面下功夫，全面提高乡亲们的幸福指数。"走出去学习，请进来共建"是一条重要经验。王全抓住了北京市、区、镇党委开展"城乡共建"活动的机遇，与民政部地名研究所、区水务局、清华工美同创有限公司、北京叶青大厦党委等 20 多家城区单位党组织签订共建协议，为村级发展引入优质资源。2010 年，"叶青·北沟党员之家"在北沟村揭牌。

王全从规范村委班子运行决策机制、细化责任分工和奖惩措施入手，要求

王全书记带领村党支部走访调研

村干部以及家属不能以任何理由承包和参与村内任何工程。每月5日为党员活动日，全村党员都要参与起来，为村民服务。王全认为，一个村里的发展，离不开好的带头人和班子，村干部应该做事公平公开公正透明，这样才让群众服气。村带头人还要有魄力有见识，在党建引领下大力发展产业，让村里人气旺起来。

王全的这个观点，与我不谋而合。我一直认为，民营企业党建的第一要务，就是要跟企业经营发展紧贴起来，联系起来，一方面充分发挥党组织对企业的政治引领和政治核心作用，同时又能以企业的力量来支持党组织建设。企业发展与非公党建工作两者必须是一体的，是自然融合与融通的，唯有这样非公企业党组织才有生机和活力，才能实现双赢与多赢。

王全书记带领村党支部走访调研

在我和王全的眼中，党建工作与企业经营、乡村发展本就是相通的。王全认为，有了党组织，村子和企业方在政治上就是一家人，而当企业遇到经营问题时，也可以发挥党组织的优势为企业排忧解难。有一个很好的党组织能够切实帮助企业成长，也同时提高企业形象，实现共赢。我的民企党建理念与王全的乡村党建理念可谓完全一致。党的建设是整个治理结构中的一部分，企业发展到一定水平必须搞文化建设，而文化建设中党组织发挥作用就能够形成先进文化。我特别重视非公企业的"文化自觉"，要从

文化自觉的高度，研究形成具有中国特色的非公有制企业核心价值观，这既是构建社会主义核心价值体系对非公有制企业提出的要求，也是党建引领、建立非公企业先进文化的需要。

在党建引领下，村企合作就有了最稳定的政治导向、最坚实的文化基础和更广泛的理念共识。在党建引领下的村企合作模式下，"洋家乐""洋民俗"为乡村经济和社会发展所带来的不确定性也就最大限度地消除了。北沟村开始了真正的蝶变之路。

这几年陆续有不少领导来参观瓦厂，大家都对北沟村工作表示肯定

市场经济是一个开放、流动的体系。文化带来交流，旅游带来客流，市场交换则是带来物流和资金流。即

便不发展旅游，为适应市场经济，乡村既有的生产关系和社会结构也要转变。这种转变就包括从单一的居民群体，转向一个包含政、企、村、民、学等多方组成的复杂群体。在发展过程中，有些群体是稳定的，有些群体是流动的。乡村居民、合作社、周边社区是稳定的，当地政府、相关部门、开发商是比较稳定的，旅游者、社会组织以及专家学者则是流动的。稳定性不同的群体组成的联合体，往往也是不稳定的，最终的决定者，是其中最稳定的那个群体，也就是"权威"。

1997年费孝通提出"文化自觉"，主要有三层内蕴：一是文化自觉建立在对"根"的找寻与继承上；二是建立在对"真"的批判与发展上；三是建立在对发展趋向的规律把握与持续指引上。在从自发到自觉的过程中，"权威"发挥着不可或缺的作用。从2004年开始，北沟村的权威就是村委书记王全领导的村支部，通过坚持抓环境卫生，抓文化教育，抓营商环境，抓合作共建，带领北沟村从最落后的旮旯村一跃而起，成为长城脚下的"国际村"。接下来加入权威行列的是2049投资集团，作为市场主体，接手瓦厂酒店和系列民宿，营建三卅民宿和瓦美术馆，广泛吸纳居民就业，村企合作，共享共建，牵引北沟村进入乡村振兴新阶段。

实质上，真正发挥作用的"权威"，是人和企业背后的机制。北沟村跨越式发展的第一阶段是以"洋民俗"为主要权威的起跑阶段，村党委和领导的主要作用是支持与配合，这是学习外来文化的开放引进机制。在第二阶段的加速和持续跑阶段，实质权威是党委领导下村企合作的共建机制，乡村和企业形成了利益共同体，更加稳定，更加有力，更加持久。共建机制

的出现，弥补了"洋民俗"的短期化、不确定的短板，及时接力、发力，填补外国人流动后的空缺，尤其是在"根"的溯源，"真"的发展，以及"规律"的把握上，发挥了至关重要的作用，由此推动北沟村的发展自觉和文化自信的形成。

团队的伙伴们在维护酒店日常环境

5 · 女将文化

女将一词在经营管理上的使用，先起于日本。所谓女将，就是由女性来担任管理工作。日本的旅馆、餐饮等行业都有女将文化的传统。女将在日本很受尊敬，同时也是最具消费能力的高端女性群体。女将的态度和举止代表了企业的整体水准，就是整个企业的门面。她们不仅在礼仪方面有很高的造诣，而且在经营文化的传承和传播上发挥着不可替代的作用，是"文化的传道者"。

出色的女将都要从小培养。真正能担当的女将一般要到三十后半至五十岁左右。这个年龄段虽然不年轻但依然美丽，而且经历了人生重要阶段，最懂得人性所需。女将的任务是在业务层面主持企业，需要有广泛的见识，精力旺盛，聪明强干，相当于母系社会的女首领，这不是年轻女子所能胜任的。女将能把女性在管理上的特点和专长发挥到极致，从而将服务和文化做到极致。

2049 投资集团的领导层都是典型的男主外，女主内。我作为董事长兼任北沟村驻村第一书记，主要是抓战略，抓党建，专心于建章立制，统筹村企共建。阚冬作为总经理，分工就是抓经营，做文化，搞好服务和产品。在这个分工安排下，2049 投资集团在北沟项目上的高管团队，是以女性为主体的，表现出鲜明的女将文化。

瓦厂酒店的女将们

旅游业是典型的服务业。乡村旅游则是典型的"小"服务业。这个"小"是与乡村的特点相对应的。乡村的生态环境、地理空间、人口规模等客观因素，决定了其产业必然不是大而全的，而是小而精、小而特、小而美的。这种小、精、特、美的特点，更适宜于女性管理者。跟日本的同业很相似，国内很多知名的民宿、精品酒店，都是老板娘当家。其中有着内在的规律和道理。

阚总现场指导并部署工作

曹总在瓦厂

2049投资集团的女将文化具体体现在其运营的民宿、酒店、餐饮和文化设施上，除了好的乡村旅游产业和服务所特有的小、精、特、美，还表现出严谨、柔和、细致、注重审美、以人为本的特点。

严谨，就是一丝不苟、绝不将就。最为明显的就是餐饮。三卅和瓦厂能提供高品质的餐饮，包括法餐、日餐、越南餐。不像北旮旯涮肉这样的中餐，上述这些餐饮品类的食材，多数是北沟村本地不能提供的，需要在北京乃至全国和海外采购。阚冬聘任了来自北京五星级酒店的主厨，即便乡村餐厅，选料进货也严格按照不低于北京同类餐厅的标准来执行。由于选料和工艺到位，三卅的越南粉就非常正宗，汤底是用牛骨十几个小时熬制出来，备受美食行家推崇。

柔和，是女将文化的典型特征。从环境营造，到服务态度，从话术到行为，一线服务人员都淡定自若，自然而然，不拿捏、不突兀、不生硬、不做作，与乡村度假和田园生活的范围完全契合。

北沟村位于怀柔区。"怀柔"一词，出自《诗·周颂·时迈》，"怀柔百神，及河乔岳"，指用手段笼络其他民族或国家，使归附自己，也指帝王祭祀山川，招来神祇，使各安其位。中国人尊崇润泽之道，讲究刚柔并济。《道德经》中有"天下之至柔，驰骋天下之至坚"的说法。企业或其他市场主体、社会力量参与乡村发展，比较好的方式就是走柔性路径。

乡村振兴是一场攻坚战，一场持久战，久久为功，善作善成。治大国如烹

小鲜。2049投资集团在北沟村的实践证明，不要想一蹴而就地把乡村振兴给完成了，而是要内生外化，以柔克刚，循序渐进，功到自然成。在这个过程中，女将有其天然的优势。2049投资集团将农家乐里的女主人管家、民宿中的老板娘主持的形式，通过与现代经营管理理念和方法相结合，改造上升为女将文化，实现了乡村旅游从家庭服务向企业管理模式的升级，促进了乡村经济从自助自营向现代服务业的转变。

藏在怀柔乡村中的国际美食（组图）

瓦厂西餐厅美食（组图）

3

今日北沟 魅力焕发

红砖、尖屋顶、石墙、老石条铺的路……这些元素体现着浓浓的北方民宿风格。设计师们把人造空间与自然，空间与空间，新与旧敏感连接，紧密融合；这里是专门为都市人打造的新的乡村院落邻里生态，消除都市生活的孤独感。建筑最大的特色是：一层客房都有私密院子或花园，二层客房阳台都可看到慕田峪长城，每一扇窗都是一幅美丽风景。

① 长城脚下是我家

从 2007 年第一次来到长城脚下的这个村落，至今已近 20 年。我自己也说不清，这个缘分到底是跟长城结的，还是跟这个山村结的。说起长城，北京除了最著名的八达岭长城，还有居庸关、慕田峪、箭扣等长城段，以及京冀交界的司马台长城等。与我结缘的，就是慕田峪长城和箭扣长城，以及这段长城脚下的小山村——北沟村。

长城是古都北京的最重要的标志之一。北京境内的长城，自东向西经平谷区、密云区、怀柔区、昌平区、延庆区、门头沟区等 6 个区，墙体全长 521 公里，是有长城分布的 15 个省区市中保存最完好、价值最突出、工程最复杂、文化最丰富的段落。

慕田峪长城最初是明洪武年间由朱元璋手下大将徐达在北齐长城遗址上督建而成。经过历代修建，慕田峪长城形成了由关城、敌台、烽火台、营堡、城墙、壕沟等设施共同组成的一套完整严密的军事防御体系。修建完成后的慕田峪长城西北连接贾儿岭长城，东南连接亓连关长城，整段经王家坨、

慕田峪长城

灯干岭、榨子墩、刘家项分界墩、胡思谷至界碑石为止，总长度大约 3 公里。这段长城虽然山势较缓，相对落差不大，但却因地理位置险要而成为明代重边长城的起点，在历代都是兵家必争之地。

慕田峪长城东连古北口，西接居庸关，自古以来就是拱卫京畿的军事要处，有正关台、大角楼、鹰飞倒仰等景观，长城墙体保持完整，较好地体现了长城古韵，有着深厚的历史底蕴和较高的文化价值。1987 年，慕田峪长城被联合国教科文组织列入"世界文化遗产"名录。2006 年 5 月，包括慕田峪长城在内的长城被中华人民共和国国务院公布为第六批全国重点文物保护单位。2011 年，慕田峪长城被国家旅游局评定为 AAAAA 级旅游风景区。

箭扣长城在慕田峪长城以西 10 公里，从慕田峪沿长城可以走过去。箭扣长城是北京一段最险峻、雄奇的长城，自然风化严重，没有任何人工修饰，自牛犄角边、南大楼、鬼门关、东西缩脖楼、东西油篓顶、箭扣梁、将军守关、天梯、鹰飞倒仰、北京结到九眼楼（望京楼）绵延 20 多公里，充分展现了长城的惊、险、奇、特、绝，是长城画册中上镜率最高的一段，也是长城爱好者的必登之处。从 2007 年开始，我每年都要从北沟村登山，上慕田峪长城，最远也到过箭扣长城。

北沟村有一些文物古迹，比如贾儿岭堡、残长城遗址及残长城附属建筑。贾儿岭堡是古代的军堡，尚存西北角的城墙。残长城遗址位于北沟村域范围北部边界线上，属齐长城，明朝时重建。残长城与慕田峪长城相连，墙体形式类似，均为凹凸墙体。残长城上存在两处较为著名的城楼及城墙段，

从北沟村向山上的长城眺望，最吸引人的是长城下面醒目的五个大字"忠于毛主席"

一处是位于北沟村正北侧山体上的城楼——正北楼，另一处位于西北侧与天仙峪村边界接壤处的牛角边长城。

从北沟村向山上的长城眺望，最吸引人的是长城下面醒目的五个大字"忠于毛主席"，它是文革时期的产物，每年由北沟村自行组织修整，直到现在都清晰可见。山顶斜坡上的烽火台是慕田峪长城 20 号烽火台，也是慕田峪长城的最西端。烽火台以西是牛角边，再往西就是以险峻著称的箭扣长城。

长城是北沟村的最大背景，也是最大的价值所在，无疑是文化、旅游、商业等设施的"圆心"。在北沟村村委会的统筹协调下，在北沟村民的支持和广泛参与下，2049投资集团构建了以精品住宿、特色餐饮、现代艺术为支撑的乡村度假体系。无论是瓦厂酒店、三卅民宿等住宿场所，还是北旮旯涮肉等餐厅，从客房到大堂，从院落到广场，都以看得见长城为必备条件。

这样做，确实提高了造价和成本，也增加了一些不便，但我依然坚持，把不遮挡长城视野、不影响长城景观作为根本前提。北沟村虽然不像慕田峪村那样就在慕田峪长城景区的门口，但这里的每一处设计，每一个心思，每一个项目，都是不折不扣地以长城为绝对中心，体现出对长城的热爱和尊重，而且一以贯之，无一例外。

长城是北沟村的最大背景，也是最大的价值所在，无疑是文化、旅游、商业等设施的"圆心"

遗产酒店显风情

1 · 瓦厂酒店

瓦厂酒店由北沟村村办的琉璃瓦工厂改建而成，尽可能地保留了工厂原貌与烧制痕迹。"瓦厂"的名字保留了它的历史记忆，原有的几个老窑洞和烟囱都被保留了下来。砖瓦元素与现代艺术的融合在酒店中随处可见。

这里的一砖一瓦、一石一木都尽量保留中国北方乡村的传统风格。乡村和城市、传统和现代、东方和西方，不同元素的融合造就了瓦厂的独特基因。在这里客人体验的不只是民宿服务，还是尘封已久的历史与文化。

顺着前台边上的楼梯，可以直接到达二楼的观景平台和长城厅。观景平

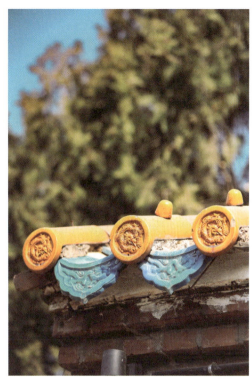

瓦厂酒店的琉璃瓦元素与五脊六兽

瓦厂酒店内部，地面铺满了琉璃瓦片，也成了标志印记

台也是一个多功能的平台，平时客人可以在这观赏最全的长城景观，在天气暖和的季节这里也可以作为鸡尾酒会和用餐的户外场地。最大容纳人数24人。

酒店大堂到客房的长廊有一排窑洞，是原工厂里烧制琉璃瓦的地方，前台所处的窑洞顶部，还保留着当年的烧制痕迹和釉的色彩。现在这里是琉璃瓦文化和文创产品的展厅，来瓦厂的客人特别喜欢这些琉璃瓦仙人走兽的礼品，很有文化味道，也有历史感；有些客人还特别喜欢那种大的琉璃瓦脊兽和垂兽，以及小巧的瓦当和整片的筒瓦。

很多年轻人选择在这个充满文化与历史感的空间招待亲朋好友

琉璃瓦文创

用琉璃瓦拼成的文字，中西方文化在此刻交融

年轻人在瓦厂西餐厅围炉夜话

瓦厂酒店北院

瓦厂西餐厅是由原来的办公室改建的，是为酒店客人提供用餐、下午茶和
休息的地方。餐厅最里面建造了一个壁炉，冬季会为客人点起壁炉，让客
人在这有一种不一样的体验。自助用餐最多可以容纳 30 人。

瓦厂北院也是客人们最喜欢的场地之一，是大型活动和婚礼仪式的最佳场
地。它集合了草坪、平台、露天戏水池、网红温泉泡池、健身房、按摩室、
艾灸室、美甲室和 KTV 等。其中戏水池、网红温泉泡池、健身房对住店
客人是免费的。北院是 2049 投资集团收购瓦厂酒店后改造新建的，红砖
墙模仿了长城烽火台的造型，也是网红打卡地。KTV 的楼上是另一个观景
台，从这可以看到慕田峪长城美景。

套房一角

活动中心和旁边的北沟荣誉展厅，是由原来的员工宿舍改建而成的。活动中心是一个可以容纳 30 人用餐、会议和活动的场地，根据客户的需求会变换功能。北沟荣誉展厅里陈列着十几年来对北沟乡村振兴和文化群落建设做出过贡献的人物及其事迹档案，也可以当作小会议室使用，

瓦厂酒店有 25 间客房，客房对自然景观的借用发挥到了极致。房中没有电视，为的是让客人远离喧嚣，日瞻山，夜观星，静静享受大自然带来的震撼。每间客房都向北开了超大玻璃窗，不论坐在阳台还是躺在床上，甚至是淋浴的时候，都能对望长城。

超大玻璃窗外的长城

瓦厂酒店获得了很多荣誉。它是首批由中国国家文物局和中国古遗址保护协会共同评选的"中国乡村遗产酒店",也是至今北京唯一一家获此殊荣的酒店。瓦厂酒店在 2023 年获得由全国休闲标准化技术委员会依据国家标准评估达标的"乡村休闲度假示范社区"。酒店连续 8 年获得全球知名旅游点评网站奖项及国际建筑设计奖项提名,入选中国必住酒店 TOP 50 榜单精选民宿品牌,以及第六届"元素甄选榜"总榜单度假酒店,是北京的网红打卡地酒店。

瓦厂酒店与三卅精品民宿的荣誉

2 · 三卅民宿

三卅精品民宿与瓦厂酒店一路之隔，占地 2000 ㎡。这是 2049 投资集团从零到一独立完成的一个作品，从 2015 年到 2019 年历时四年竣工。

这里最初是一个老旧的燃气站。我们在决策后，首先寻找符合理念的设计师，耗费一年时间，最终选择了一支德国的建筑设计团队，主设计师 4 人，平均年龄 30 岁，分别来自中国、日本、德国和葡萄牙。北沟村土生土长的建筑队承担施工建设任务。土洋结合，中西合璧，几经推敲打磨，四年磨一剑，最终作品达到设计效果。

红砖、尖屋顶、石墙、老石条铺的路……这些元素体现着浓浓的北方民宿风格。设计师们把人造空间与自然，空间与空间，新与旧敏感连接，紧密融合；这里是专门为都市人打造的新的乡村院落邻里生态，消除都市生活的孤独感。建筑最大的特色是：一层客房都有私密院子或花园，二层客房阳台都可看到慕田峪长城，每一扇窗都是一幅美丽风景。

在三卅民宿的门前，种着一棵具有 200 多年历史的白蜡树，这种树非常耐寒，在 -20℃ 至 -40℃ 时依旧能生存。进入大堂，室内是挑高六米的三角屋顶，这是三卅的标志性符号。一根距今已

三卅精品民宿门前的白蜡树

三卅精品民宿大堂

有1500多年历史的香樟木摆放在大堂正中央。香樟木有驱虫、驱蚊的功效，它来自日本北海道的家具工厂，树木的打磨、上漆、防裂工艺，都是独门绝艺。香樟木一剖为二，剩余的小部分加工成了小茶桌，放在了客房里。旁边配有日本木椅。原木旁边有一个圆形的大石盆，叫七龙壁石，有上百年历史，是选购原石后工厂按照设计的形状，切割，打磨，挖洞……石盆上方的

七龙壁石

水帘，和下方的浅水，构成一组水循环，让这里常年有流水的声音。

前台旁边是威士忌吧（LONGBAR），这里提供多种鸡尾酒，红白葡萄酒，威士忌和啤酒等饮品，酒柜灯带呈点状镶嵌到整面墙上。配备的高倍望远镜可以清晰地观看长城烽火台。在夜晚，三卅酒吧是整个村最亮、最美的地方。在大堂左侧，是酒店的多功能厅，可做宴会厅，餐厅，咖啡厅，会议室，最多能容纳30—40人同时用餐。餐厅的家具都是意大利进口的实木。大理石桌椅、真皮沙发及灯具，处处彰显酒店的品位和对高品质的追求。餐厅有处壁炉，为冬季增添一丝暖意。

走出大堂后门，是另一番景致。脚踩的老石条间镶着三卅的平面图，可很直观地看到在这块不规则的土地上，房屋并非整齐排列，这是为了实现每个房间都有不同的景观且都互不打扰，私密独立。每个房屋的角度都是经实地考察后确定的。在中庭院内，卧着一个弯弯曲曲的活水池塘。水池旁边，分散着两棵高大的元宝枫，秋季枫叶灿黄的颜色，十分热情耀眼。墙根处，分布了三颗圆形点石，像这样的石头在整个民宿院中共有33颗，这个也是与三卅名字相呼应的。

三卅共有16间客房，院内房间分为：侧宅（院左边）、尊宅（院右边）、里宅（一层）、升宅（二层）。每个院落名字不同，名字取自唐代诗人王维的《辋川闲居赠裴秀才迪》，描绘了幽居山林的志趣：

寒山转苍翠，秋水日潺湲。
倚杖柴门外，临风听暮蝉。
渡头馀落日，墟里上孤烟。
复值接舆醉，狂歌五柳前。

三卅民宿有四款房型，每个房间都各有特色，房间面积43平方米起，给予客人舒适宽敞的起居空间。房间设计为简奢风格，天花板与地板包裹上木头，用几盏壁灯牵引出温馨的气息。细节彰显品位，三卅的家具、灯饰均由意大利、日本设计师量身定制，在天然木材的基础上力求与自然更为真实地结合。灯具采自米兰家具展，每间客房都配有浴缸，洗漱用品均为进口轻奢品牌。

三卅的主色调是灰色，然后再是咖黄和米棕，保留了北方村落的建筑色彩。

三卅营地承载了多项活动、餐饮，见证了许多人的幸福

材质是硅藻泥，取材自当地，有一种来自农村的质朴与粗粝感。与村子浑然一体的还有大屋檐设计，挑空部分长达一米，带来一种遮风挡雨的荫蔽感。

三卅营地是我们打造的轻奢驿站，让每一位旅居者睡进自然中，是我们为每一位旅居者营造户外安身之所的初衷。露营地毗邻风景如画的瓦厂酒店，坐落于一片珍稀的山间平地之上。19 幢独立的户外帐篷散落在草坪上，清凉风的米色帐篷代替泥墙砖瓦，绿木星空取代互联网的纷扰。一日之内，可坐观长城山景、彩虹晚霞、浩瀚星空。每顶帐篷都配备有高品质的床上用品，确保宾客在自然环境中也能一夜酣眠。充电桩、空调、桌椅以及洗漱用品等应有尽有……将细节做到极致，是三卅户外品质的保障和态度，也是对生活仪式感的尊重与敬畏。夜晚，以大地为背景，坐拥千里苍穹，三五好友围炉夜谈。露营不仅仅是一种放松体验，更是我们给新青年打造的独特社交空间。

除了瓦厂酒店和三卅精品民宿，在北沟村还有不少的民宿和酒店。在这座 300 来人的小村子

三卅精品民宿

三卅精品民宿（组图）

里，共有五十余家上牌照的民宿。

在 2010 年的时候，北沟村对外开放村庄建筑的商业化改造，和周边几个村子一起打造"长城国际文化村"。一批特别热爱长城文化的外国友人，在这个村子里安了家，建起了一座座隐秘的乡村别墅。这些建筑尽最大可能地保留了北方老房子原有的外形风格——屋顶的青瓦、粗壮的屋梁，青石房墙以及宽大的土炕，同时吸收了具有西方特色的新建筑元素，完美地将中西方文化融合起来，布局更好、更具现代美和生命力。这些别墅的主人，有长期旅居中国的美籍华人夫妇，有国际文化和时尚界的知名大咖，也有加拿大排名前三的隐形富豪。当然，这些别墅都是私人居所，只接待朋友，不对外开放。

为了更好地联动乡村建设，实现共创共赢，2049 投资集团与住在村里的国际友人深度合作，收购了其中一些别墅，也帮助运营一些别墅，任何人都可以来预定和居住。这些散布在各个村子的特色建筑，串联形成一个分布

式的乡村民宿集群。例如大石头别墅，得名于门口的一块巨大山石，是一个典型的民居院落。独门独院，可以带宠物入住。客厅空间大，有壁炉。厨房是西式灶台，与餐厅连在一起。卧房是大床房 + 家庭房 + 标间双床房，大床房是独立的，双床房和家庭房是 loft 结构。

这些别墅都充分利用了自然光线，房间内设置超大玻璃窗，不论是坐在院子还是坐在客厅，甚至是淋浴的时候，都能欣赏到一年四季不一样的风景。有的别墅里还建起了客厅大壁炉，真实还原正宗的美式乡村风；有的别墅本身就是一件艺术品，保留着几百年历史的明清家具和木结构房梁门框，里面收藏着一些罕见的特色藏品。这些别墅在保持自身独特风格的同时，巧妙融入了村落环境，外墙采用与当地民居相似的色调和材料，使得别墅与周围的传统建筑相得益彰，景观设计也充分考虑了与村落自然景观的融合，营造出一种既现代又不失乡土气息的独特氛围。因此，这里不仅成为人们休闲度假的理想之地，也吸引了众多综艺节目、影视剧前来取景，进一步提升了这里的知名度和影响力。

慕漫峪别墅

2019 年，北沟村被评为北京市"五星级民俗村"。为扩大规模，形成优势，村"两委"将村内 50 家民俗户资源进行整合，成立北沟村旅游经济合作社，实现规范化、系统化经营管理，提升民俗旅游档次，促进村民增收。2022 年，村里成立了北京郊区首家宿集民宿中心，购置了观光车，可接送前往宿集民宿中心和各家民宿的游客，走出了一条乡村民宿由松散型运营转向集约化运营的新发展路径。

民宿，是北沟村最突出、最有名气的业态，也是 2049 投资集团在北沟村最核心的业务和成果。

慕田峪长城不仅吸引了外国友人观光到访，也吸引了一些外国人到附近村庄居住。从1996年开始，部分在京的外国人在慕田峪村、北沟村租赁村民房屋，并改造成为个人居所或者旅店，其中美国人萨洋就是一位具有代表性的"洋村民"。2008年他租赁了村里废弃的琉璃瓦窑厂，将其改造为最初的瓦厂酒店，这也是北沟村民宿集群发展的开端。但这个时期的瓦厂并不是真正意义上的"酒店"，而是萨洋夫妇接待朋友的场所，虽然极具吸引力，但并不面向游客提供服务。这种模棱两可的属性最终导致瓦厂走入困境，无力更新，陷入停滞。直至2049投资集团予以收购、改造升级并专业化运营后，瓦厂才完成了作为精品酒店的华丽转身。至此，"住在北沟"成为核心竞争力。

③

北沟果林忆往昔

作为典型的山村，北沟村地无三分平。20世纪60、70年代，全国"农业学大寨"，北沟村在东西两侧的山上打起了道道坝阶，在山坡上造了几百亩田园，栽种了雪花梨、鸭梨、国光苹果，成为"鲜果之乡"。20世纪80年代初是北沟村鲜果种植的鼎盛期，有近4000亩的果树。到1988年，北沟村人均果品产量达到2000斤以上，位居全北京市第一，并保持了好多年。

进入90年代以后，由于鲜果产量及产品价值较低，影响村民收入，同时干果价格不断上涨，村庄提倡开荒种

北沟村在东西两侧的山上打起了道道坝阶，在山坡上造了几百亩田园，栽种了雪花梨、鸭梨、国光苹果，成为"鲜果之乡"。

树，村民大力种植干果果树，代替村内原有鲜果果树，村内以北大部分山体已被干果果树覆盖。目前除了旅游业之外，村内农业以干果类树种（板栗、核桃）的种植、销售为主，还有少部分果树（梨树和柿子树）种植。

果树种植催生了家家户户建果窖，以存储水果。一家农户一般拥有1—2个地窖，每个地窖面积约15-20平方米，多用于水果储藏。后来改种干果类树木后，就多用于蔬菜和杂物储存。对外出租宅院的地窖改造后普遍用于聚会和酒窖使用。现在到了北沟村，依然可以看到有100多个果窖。

北沟村的历史风貌

艺术范乡村驿站

北沟村最重要的公共文化空间，就是瓦美术馆。瓦美术馆位于北沟村的地理中心，与村委会、文化站、旅游服务中心等公共载体聚集在一起，一起构成北沟村的"中央文化区"。瓦美术馆承载着北沟村的乡村文化记忆，也展现着 2049 投资集团扎根乡村建设和乡村振兴事业的初心。

北沟村原来有一座村办琉璃瓦厂，经过建筑改造，变身为成一家以琉璃瓦文化为特色的乡村酒店。琉璃瓦可以说是北沟村产业振兴和文化复兴的象征，瓦美术馆与瓦厂特色一脉相承，是对北沟文化的一种致敬。

瓦美术馆是 2049 投资集团在 2021 年建成的，外立面由 9696 块金色琉璃瓦和 66 块透明玻璃砖构成。白天光彩夺目，夜晚光影交错，形成北沟村一道独特的风景线。整个美术馆总建筑面积 660 平方米，室内共分为四个主题空间。进入馆内，首先是"文化大厅"，可以举办艺术展览、小型发布会、文化沙龙和 TED 演讲类活动，这些台阶是天然的听众座席。

游客在瓦美术馆外拍照，这面琉璃砖墙已经成为北沟村的标志性打卡盛地

拾级而上是瓦美术馆的"观影角落"，背靠琉璃瓦，这面墙可以当作投影幕布。从转角楼梯上去，是一条"时光长廊"，它绕过琉璃瓦墙，通向二楼小展厅和露台，可以布置一些具有历史意义和现代感对比的照片展。从另一侧的木质楼梯上去，可以抵达二楼的"艺术空间"，这里适合举办小型艺术展、珍贵藏品展览，也可作为游客互动活动的区域。这里也是北沟村乡村振兴的文化交流平台和企业生态平台，很多企业都会来瓦美术馆举办发布活动。

瓦美术馆的设计建设，有对长城视觉的严格坚守，从建筑、空间，设施设备到布草家具，从绿植小品，到摆放装饰，都严格按照方案，全

夜幕下的瓦美术馆如同遗落在人间的宝石，熠熠生辉

最终建成的瓦美术馆，完美还原了设计效果（组图）

村民与瓦美术馆

力实现设计效果。尤其是瓦美术馆，为了达到理想的透光效果，从对玻璃砖的选材，到具体的安装位置，再到不同时点太阳的位置，都需要严谨测试和对应，而且对施工的精度要求极高，稍有差池就难以达到预期效果，必须拆掉重来。设计师团队和北沟村的施工队频频出现分歧和争吵。阚冬则充分发挥了女将的角色，不厌其烦地说服，左右协调，推动这个土洋结合的联合舰队按既定航线驶向目的地。最终建成的瓦美术馆完美还原了设计效果。

"小庐面"面馆的原貌

美术馆原址是个小面馆，名字叫小庐面，奥巴马夫人曾在这里用餐，由此也诞生了"第一夫人面"的品牌。把它改造成美术馆，是希望通过艺术乡建，实现乡村的文艺复兴，构建起村民与城市居民之间双向交流与情感联结的桥梁。通过这座美术馆，我们期待激发乡村文化的活力，让艺术与生活的和谐共生成为新时代的乡村风貌。

⑤

国际化美食探寻

民以食为天，这是亘古不变的道理。美食是乡村旅游的题中之义，餐饮是 2049 投资集团的核心板块。进入北沟村后，我们发挥运营和技术专长，使美食迅速成为北沟村的亮点。不仅仅是农家乐和中餐，而且把高品质的西餐、东南亚菜、韩国餐、日料等世界各国美味，汇聚到长城下的这个小山村里，"吃在北沟"成为重要吸引力。我们不仅将国际化美食引入北沟村，更致力于让这些美食与周围的山野风光完美融合，创造出别具一格的餐饮体验。想象一下，在长城脚下的静谧村庄中，品尝着来自世界各地的精致佳肴，同时又能感受到大自然的质朴与宁静，这种独特的享受无疑为乡村旅游增添了新的魅力与深度。

1·北旮旯涮肉

北旮旯涮肉餐厅的前身是北旮旯乡情驿站，原来是北沟村集体出资、大学

北旮旯通过现代艺术的设计风格和建造方式，完美融合了乡村与城市的截然不同的生活，建成当年就获得"美国建筑大师奖"接待类荣誉提名

生村官运营的农家乐餐厅，也是北沟村第一批民俗旅游餐饮店。2018 年，2049 投资集团接手"北旮旯乡情驿站"餐厅，引入专业的建筑设计事务所，重建和改造了这家餐厅。新餐厅的绝大部分建材都取自当地，从河里刨出砌墙的石头，从当地收集核桃木，从村里拆房留下的青砖和红砖……按照北沟村独特的地理位置和历史背景，通过现代艺术的设计风格和建造方式，完美融合了乡村与城市的截然不同的生活，建成当年就获得"美国建筑大师奖"接待类荣誉提名。

北旮旯涮肉餐厅主要提供老北京文化的传统火锅和当地特色炒菜，其中最出众的要数景泰蓝老铜锅涮肉。铜在杀菌方面存特效，能消灭 157 种有害

北旮旯通过现代艺术的设计风格和建造方式，完美融合了乡村与城市的截然不同的生活，建成当年就获得"美国建筑大师奖"接待类荣誉提名（组图）

的细菌。用铜制作的火锅，质地坚硬、耐用、无毒、导热性好。景泰蓝锅在古代专供帝王之家使用，每一口景泰蓝锅，都需要历经1个月的纯手工制作。好羊肉用清水煮才能吃出肉的本味，与自制的老北京麻酱在口中交融。因其来自原产地的新鲜食材和独特的口味特色，北旮旯餐厅被《世界中餐业联合会》认可为其会员单位。

改造完成的北旮旯涮肉餐厅还有一些意味深长的专属造型——餐厅门口的铜牛寓意勤劳、深耕，健硕有力，和北沟村共同向美好幸福生活前进；大堂玄关的三片铸铁叶子造型和三片盘盏造型，寓意着2049投资集团的"三卅"原则，就是收益的33%拿出来回馈企业与员工，33%拿出来回馈当地村民，33%拿出来回馈社会。这里还是村里的一个助老公益食堂，每年重阳节会邀请村子里的老人来北旮旯涮肉吃火锅。

2 · 壹淼越南菜

三卅民宿中的壹淼越南菜餐厅是集团精心打造的一个餐饮项目，位于三卅民宿的一层大堂。

装修风格上简约但不简单，落地窗外能够近距离观赏到一年四季的景色和三卅的建筑，营造出温馨舒适的氛围。踏入壹淼越南菜餐厅，如同置身胡志明市，柠檬草与香茅香气扑鼻，异域风情浓厚。餐厅特色菜品多样，如薄皮鲜甜的越南春卷、金黄酥脆的泰式手打虾饼、香柠酸汤鱼及经典特式牛肉汤河粉，每道菜都令人回味无穷。壹淼凭借其精致菜品和独特魅力，赢得食客好评，荣获怀柔美食口味榜第一，成为美食打卡胜地，吸引众多网友前来品尝。

壹淼越南菜餐厅异域风情浓厚，与三卅精品民宿融为一体（组图）

3 · 瓦厂西餐厅

瓦厂西餐厅，北沟村的一处国际化美食地标，餐厅融合砖瓦元素与现代设计，营造怀旧文艺氛围。外部吧台长桌伴红砖墙与玻璃窗，走进内部却恍如温暖家中，钢琴、壁炉、沙发，围坐在一起便是温馨的夜话时间。餐厅主打中西融合，既有专业的西餐如奶油蘑菇汤、菲力牛排，同时创新结合当地食材，如生牛肉塔塔、虹鳟鱼料理，展现中西合璧风味。服务人员还会专业地提供个性化餐酒搭配建议。

特色菜品中，扒整条虹鳟鱼配煎蒜外皮酥脆、内肉鲜嫩，烟熏虹鳟鱼则是鱼肉充分吸收了烟熏的香气，又保持原有的鲜美。搭配蔬菜沙拉风味独特。瓦厂汉堡用料十足，口感扎实。怀柔栗子蛋糕精选当地栗子，香甜细腻，彰显地域风味。在此，西餐的典雅与怀柔的地域特色相遇，每一道菜都是对味蕾的极致诱惑，是对当地食材的尊重与美味传承。

文化空间自在游

文化是旅游的灵魂，是乡村的魅力所在。始自 2010 年的长城国际文化村，是怀柔区渤海镇继"夜渤海""栗花沟"建设之后打造的特色文化旅游板块。北沟村是其中的四个村落之一，经过多年建设，已形成了独具魅力的文化聚落。

1 · 公共文化空间

北沟村有专门的文化广场，聚集了美术馆等公共文化设施。广场边一幢二层建筑，是北沟村村委会，有完善的办公室、会议室和图书室。村委会前的小广场干净敞亮，周边布列着精神文明宣传栏、村务公开栏和传统文化宣传壁画。

村内修建了"传统文化一条街"，沿街有古树、堆石等景观小品，还有长

艺术品在北沟村随处可见（组图）

达百米的文化墙，刻有"和为贵"等警示语，以及"程门立雪""管鲍之交""岳母刺字""司马光砸缸"等典故，不仅在北沟村营造了浓郁的文化氛围，同时也为旅游业的发展增添了一道亮丽的风景线。

2 · 老年活动中心

2016 年北沟村建起了老年活动"栈"，占地 370 平方米，设有老年人食堂、洗浴室、娱乐活动室。村里 70 岁以上的老年人免费吃两餐，食堂为老人提供科学营养的膳食，在确保每顿四菜一汤的前提下，合理调整老年人的饮食结构，每月还免费开展测量血压、理发等服务，老人们可以在这里安享晚年。

北沟文明实践站，为村民们提供了生活的更多可能

国际气派显风范

北沟村是典型的山区村庄，青山连绵，村居错落，森林覆盖率达 98%，"春登青山，夏赏栗花，秋打板栗，冬观雪松，四季长城卧佛景"，四时有景，各领风情。

走在北沟村，犹如进入一个山地花园，廊桥画壁，处处美景。一条不到两公里的山间小道，串联起全村 138 户人家。常住人口不到 300 人，依山而建的公路干净平整。村子保持着传统格局，散落着有"国际范儿"的酒店、民宿、餐厅，既有乡村的宁静，也有城市美学的优雅。

北沟村有极精致的中西合璧建筑，有大橱窗落地的酒店，美轮美奂。在中式的屋檐青瓦四合院里，杏树、板栗郁郁葱葱，还有秋千架随风

北沟村青山连绵，村居错落

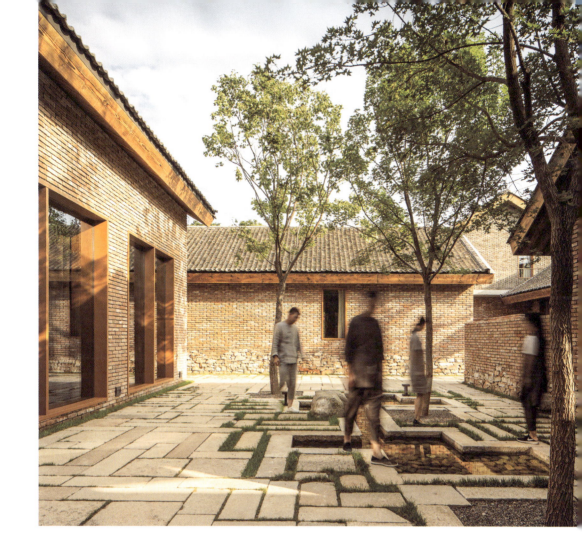

飘荡，让人恍如生活在充满童趣的插图里。

北沟村先后实施了国家级农业综合开发、污水自来水改造、秸秆气化入户等工程建设，在全村布设了无线网络，集体为村民补贴资金购置了电脑，村民们享受到了与市区并无二致的生活条件。

⑧

村容村貌焕新颜

"住在北沟，吃在北沟，玩在北沟"，北沟已经成为京郊休闲的重要目的地。北沟还有一个金字招牌，就是"干净"。走在这座可以抬头望见长城的村子里，感觉它不像是北方的农村，因为它太干净了，比城里都干净。在村中转一转，一圈走下来，上坡下坡，沟沟坎坎，家家户户，边边角角，不见一片垃圾，没有半个烟头。就连村民家养的狗，也全拴在院子里。北沟村的卫生可以说是360度无死角。

但在2004年前却是另一个场景：垃圾乱扔、杂物乱放，猪粪、鸡粪

北沟村的"干净"离不开村中干部、村民的共同维护

满地，卫生和环境都很差。2004年，新的村两委班子成员从自身做起，实行承诺制，划定责任区，制定实施村规村约，柴草进院、修建步道、种植花草、旱厕改造、修建深水井、用上自来水、美化道路……基础设施和村容村貌都发生了翻天覆地的变化。

2016年，村里成立了北沟北旯旮物业管理有限公司，聘请村民担任工作人员，全面负责村内基础设施、环境、卫生、停车、美化环境、护林防火等管理服务。村里为每户村民家门口都安装了垃圾分类铁皮箱，箱子里放置了统一的分类垃圾桶，这种设计既便于投放，还不影响村容村貌。每天早上七点半，是北沟村定点收运垃圾的时间，清运车会挨家挨户上门为村民收运垃圾。物业还会上门收运村民家里的大件垃圾，达到一定数量后，镇里的回收公司会统一到村里进行清运。每月5日，村里30余名党员都会穿上红马甲，带

北沟村的"干净"离不开村中干部、村民的共同维护

北沟村的"干净"离不开村中干部、村民的共同维护

着簸箕笤帚来一次全村大扫除。平日里，党员包路段，村民守村规。

北沟村在环境建设上取得显著成效，推动了文明进步，促进了旅游发展，先后获得"首都文明村""京郊环境治理先进村""北京郊区文明生态村""北京市最美乡村""北京市级民俗旅游村""全国民主法治示范村""全国先进基层党组织""全国精神文明村""全国生态文化村"等多项荣誉称号。

北沟村的美丽和美好，与王全书记是分不开的。王全是北沟村的功勋人物。

他是土生土长的北沟村人，1978 年参军，1981 年复员，先后当过村生产队队长、乡镇企业厂长、渤海镇政府办公室主任，2004 年当选为北沟村党支部书记、村委会主任，并连任至今。

毛泽东同志在《唯心历史观的破产》中指出："世间一切事物中，人是第一个可宝贵的。在共产党领导下，只要有了人，什么人间奇迹也可以造出来。"我是北沟村驻村第一书记，正是因为有了王全书记的支持和帮助，有了村民的理解和配合，2049 投资集团才能沉下身心，凝神聚气，跟北沟村融为一体，在长城脚下站稳脚跟，茁壮成长。

4

建设者说

在《论语·里仁》中，子曰："君子欲讷于言而敏于行。"子贡问君子。子曰："先行其言而后从之。"孔夫子推崇"行胜于言"，认为要先把事情做好了，再说出来。

北沟村已经是长城脚下的明星村，获得荣誉无数。北沟村的酒店、民宿、餐厅、美术馆已是网红打卡地，政要名人频繁莅临。但与国内其他旅游乡村相比，无论是村支部、村委会，还是 2049 投资集团的管理层，都极其低调，鲜有言论。

进入新时代，新媒体成为重要的传播方式。2023 年，2049 投资集团联合北沟村村委会对参与北沟村建设发展的主要人物进行了访谈，制作了多期视频节目。在此特予记录，以补缺漏。

① 书记说

王全：北沟村党支部书记、村委会主任。

Q：简单聊聊您的个人经历，比如当时返乡创业和当书记的动力。

我是 1959 年出生的，就在这个村。在这个村上小学，然后初中、高中，小时候没有离开过当地。我们家姊妹兄弟五个，很穷。分红也拿不回来钱，最后还欠钱，那时候就叫红字。

我上中学的时候，每天出门背个篓子，拿把镰刀，把篓子和镰刀搁在麦地里面，放学以后让人把我书包拿回去，我上麦地把篓子拿出来割草，然后打浆，打完浆以后挑家里喂猪，真的很苦。

我们姊妹兄弟多，我排行老二。家里有困难，就得努力去挣。我上高中的时候一年挣 2400 工分，你说那书还怎么念？好不容易到 19 岁高中毕业，到四川当兵去了，这真是把我解脱出来了。在部队吃得饱，大包子、大

北沟村书记王全

馒头一顿能吃好几个。我当年走的时候身高是一米六四，当兵回来是一米七六，长了十多厘米。

参军使我人生提高了一大截。当年我念书不行，两年高中对我也是提升，但提升最多的是当了四年兵。部队真是一个大学校。我走到今天是因为部队的生活，部队真是培养和教育了我。回来以后，当生产队队长。一共四个组，我是农业组，干了两年多。

1984年生产队解体了，镇里面让我到矿泉水厂当厂长，在那里干了三年后，在镇政府又干了五年。然后就自己干，拉村里的栗子到北京卖。到了90

年代，村里要我回村当书记，于是当了三年。1993 年就有琉璃瓦厂了。我们乡党委书记看着我还是能干点事，就让我去乡办的旅游景点"原始部落"当书记，干了三年，后来人造景点不行了。我继续单干，到海淀承包了一个琉璃瓦厂，又是三年。奥运会申办成功后不让烟囱冒烟了，让关掉了。我回来后就跟着别人弄北沟的琉璃瓦厂，一直到 2004 年。

那个时候村里太次了。给我留下最深印象的，是冬天的一个中午我从琉璃瓦厂回家，那时候也没有路，到处都是垃圾。我看到一圈村民在地里拢一堆火，大家拢在一起起哄，就跟火把节一样。走到家那一段距离我心情非常复杂。改革开放这么多年了，村子怎么还是这样的？我萌生了当书记的念头，到家就跟我爱人说，这次到届我要当书记。我叔知道了坚决反对，说你就好好弄厂不要去蹚这个浑水，村里爱什么样就什么样，你自己挣钱就可以了。我爸爸当过好多年大队长，在乡办企业砖厂干了很多年，他支持我参加选举。

2004 年 3 月 16 日进行选举。全村一共 32 个党员，有 27 个党员投票，我第一轮就过了半数，还有俩委员投了三次都是 14 票，到第三次我说不用再投了，14 票也是过了半数。这两个委员就是原来村书记和村主任。我们三个一块儿分工，勉强让我当了书记。报到镇里后，也是勉强同意我来当书记。但 4 月份选村委，我们三个支委谁都没选进去。

我们村两委两年没发过工资。上来我就跟大家讲，我要干事，谁不干事回家待着去，到年底我拿多少钱给你多少钱，但是不干的话就没有钱。村委主任没人干了，后来镇里要求补，我不让补。北沟村三年没有村主任，等于我一个书记兼着。三年后再选举，27 个党员投票，我 26 票当选；其他两个支委都是 24 票。我书记兼主任。后来选书记，我都是全票。我的理解，村里的干部还是要自私小一点。只要你不自私，老百姓一定会选你。

后来北沟村刚刚有点起色，在 2006 年和 2007 年的时候，镇里想宣传北沟村，找到我征求意见。有一个纪委书记说得很尖锐：你们北沟村确实不错，但根据以往的经验，宣传一个倒一个。我说我当一天书记就坚决不让你看到北沟村倒。这是在十七、十八年以前说的。现在我还是这句话，我当一天北沟村书记就绝对不能让它倒。

当时压力非常大，因为村里太穷了。当时穷到什么程度，外面来人请人吃顿饭，账面上没有钱，拿烟和茶叶欠了人家小卖部 7500 块钱。我干了一年，到年底就把三年的工资发了，把所有外欠的债全还了。

Q：从创业者到村支书，这个角色转换还是很大的。

有非常大的变化。在创业的时候就是为了效益，为了赚钱。我当了书记以后，首先就跟村干部说，不允许包工程。第二个就是要能够干点事，要改变北沟村。现在回忆起来，就是习总书记说的，"当官发财两条道，当官就不要发财，发财就不要当官"。我一直坚持不允许干部包工程。这样要求会得罪人，但是得人心。到了 2007 年选书记，我是全票当选。我的理解是当村干部也好，当书记也好，要做到公平公正公开透明，才能走得长远。

Q：您上任后，重点抓了哪些工作，成效如何？

北沟村从哪里起步呢？我说就是下定决心打造环境，有钱要打造，没钱也要打造。打扫卫生也不一定花多少钱。我们党员必须义务劳动，每月 5 号早晨雷打不动扫地，从 2004 年到现在二十年了。我们把每一个党员就近写在牌上，谁是组长谁是组员，坚持党员发挥作用。

环境打造好了以后，就引来了 35 户外来人，最多时有 15 户外国人，是当时外国人最多的中国农村。而且是有钱的外国人和有钱的公司，有一个公司 2006 年纳税就 2 亿。他们租我们农民的闲置房子进行改造，改造之后不对外接待，就是自己住。有的房子投资两千多万，地下一层，地上三栋联体别墅，租期是三十年。当时美国驻中国商会的会长在我们村里有房子，和睦家的老板也有房子。

特别说的就是 2049 投资集团，对北沟村的支持力度是最大的，投资也是最多的。秦（剑锋）总和阚（冬）总到我们北沟村投资那么多钱，为什么？就是一种情怀。往高了说，响应习总书记的号召，践行乡村振兴，打造一个美丽山村。2049 投资集团是真舍得在村里投入，包括收购和改造瓦厂酒店，建设瓦美术馆，北旮旯餐厅，还有十来个别墅民宿，都是 2049 投资集团的投入。

回想起当初，很不容易，给我留下最深的印象。秦总来了以后，跟我们一块儿喝酒，聊天。几次沟通下来，我心里就有底了。这个企业不仅有资金，更有情怀，有初心，能带动我们村里各个方面的发展。比如村里的彩钢瓦房，当时北沟村彩钢瓦房太多了，瓦厂酒店也有。2049投资集团接管以后，改造力度大，在他们的带动和支持下，现在村里彩钢瓦都没了，北沟村美了，上档次了。

真正得实惠的是老百姓，是搞民宿的村民。2049投资集团没来以前，村里就有三五户低端的民宿，他们来了之后，立刻就引流，一下子增加了三十七八户来经营的，大部分都是精品民宿，住一晚上都是上千，城里人最喜欢来住。现在我们有五十户办照的，正常经营的有四十户。他们传递了现代化的经营思想和理念。在瓦厂酒店，躺在床上能看长城。现在村里的二层楼也能躺在床上看长城的院落，能接待十个人，一晚上能卖到八千八百元。还有那种低碳环保自然的东西，也是覆盖了我们村的精品民宿。

我们这些年一直坚持对村民进行素质教育，也就是传统教育，主要是弟子规内容。做这件事，一个是理解，一个是舍得。你要是做几天，没有什么意义。这是一个长效工作，潜移默化，深入人心。我们舍得让老人吃饭不要钱，到现在都吃了八年了，一年大概要支出二十万到三十万。我每年在春节的时候会请外来的大老板们吃饭，跟他们开玩笑说，将来我们老人吃饭困难的时候大家一定要慷慨解囊。每个人都说王书记到时候您一句话，您要多少我们一定给。

我们刚开始的想法跟很多新农村建设也是一样的，那时候让农民搬出去，要上楼。现在是整个都不搬出去，大家来到了北沟村就是融入了北沟村。

住在旁边的就是农民，这其实是很难的。有钱的城市人想租个房子，在京郊转了很多村，很多村都有山有水，但是给他们印象都不好。来到北沟村后就不想走，反差很大。为什么不想走？因为北沟村有很多的不一样，北沟村的干部和村民跟别的村就不一样。这个评价有很多内涵，意义深远，是北沟村这些年打造环境和抓素质教育的结果。

Q：北沟从你上任到现在，坚持不懈地抓环境，这也是非常少见的了。

当时做这个决定，一个重要原因就是我本人就爱干净。如果一个村书记不爱干净，那这个村也不会干净。我当兵的时候，新兵两年去当通讯员，就是领导看着你爱干净。镇里让我当办公室主任，我也是保持好环境卫生。回到村里面，我自然也就让村里干净。

平时没事儿的话，我就起个早，或者晚上遛弯。村民有明白的：你以为王全是遛弯的吗？他是在看环境呢。哪里不行马上给物业公司经理打电话。每次下完雨之后，得把垃圾车弄出来把土洗一下，让街面上干干净净的。

最后到什么程度呢，我亲自教他们打扫卫生：这里有土，就两只手抱着那个笤帚，慢慢扫，扫一堆铲走；在公厕别天天一上班就打扫、冲水墩地，一定是晚上下班了再冲和扫，第二天里面没有水印，什么时候进去都是干干净净的；如果非要早上上班扫，那一天都是脏的，踩一脚墩一下，一天都是湿的。我就教到他们这种程度。我还给他们做示范。文化墙底下有很深的排水沟，要趴在那里拿着笤帚扫。就得敬业到这种程度，要教他们，不然真是不懂。

Q：当时很多的新农村建设都是上楼，北沟村怎么没上楼呢？

现在乡村振兴已经不提倡统一上楼，只要求在原来基础上改造，在房屋安全、节能、厕所上增加投入。集中到一块儿盖房的方式，现在都不认可了。但新农村建设一开始那几年，很多地方确实"一刀切"，全上一块儿盖房，盖一样的房子、一样的院子，现在回想起来不是太好。

我们那时候也是有点超前意识，就是让农民二次就业。把闲置的房子收过来，由专业公司管理，让农民尽量去上班，挣工资，还分一份产业，分一份分红。2009 年我们跟叶氏集团合作，初衷也是这个模式，图纸都设计出来了，但一直没有得以实施。

其实原因也很简单，不管是盖新房子置换，还是用老房子租赁，最终都要通过运营管理来盈利才行，不然人家企业凭什么往里砸钱呢？这件事当时也是秦（剑锋）总牵头的。后来他离开叶氏集团，认为在北沟村既然开了个好头，就应该有始有终，就带领 2049 投资集团亲自进场来做，于是就做成了。

Q：长城国际文化村是不是发挥了重要作用？

长城国际文化村是 2010 年提出来的，包括了慕田峪村、北沟村等四个村，主要是一个宣传的方式和窗口。我们这四个村都挨着长城，老外都比较多，所以叫国际文化村，其中有分工就是"住在北沟村"。后来还成立了四村联合党委。

当年有一个区组织部领导来调研，问长城国际文化村发挥了什么作用？其他三个村的书记认为什么作用都没发挥。我是最后一个汇报的，我说发挥了重要作用，因为国际文化村成立以后，其他村引来了金融街、国奥集团，北沟村引来了叶氏集团。哪一个小村也没有能力引来这么一个大公司。我说的重要作用跟他们理解的不同。后来组织部领导说王书记的思想意识是不一样的。

长城国际文化村其实有很多内涵和内容。北沟村能引来这么多外国朋友和大公司，其实都是冲着长城国际文化村来的，而不是冲着北沟村来的。我们通过这个还能申请一些大项目，要是单打的话是不可能的。北沟村以前单独申请的资金最多的一个项目是 970 万，但在长城国际文化村立项后就能申请三千万、四千万乃至五千万的项目。我们申请过一个 3600 万的基础设施项目。市里、区里还是希望支持一大片，不可能只是支持一个小村。北沟村把这个品牌用得最好，价值也发挥得最多。

Q：如果有外来的企业或人员要租用村民的房子做经营，你们是先用村集体名义租下来吗？

全是跟村民个人谈，主要是谈价格。有时候会问我大约多少钱，我说按现在市价那个院子大约多少钱，至于具体谈多少我们不管。为什么到现在没有一个人找我们说后悔，因为是自己谈的价钱。最早的小庐面馆那个院落，一年租金五千块钱，是 2004 年签的，的确非常便宜，但村民也不后悔，租期到了再按照新价格谈新的。

但是所有的合同内容都要通过我审核，不公平的坚决不让通过。农民普遍实在，不太了解商业。有一次遇上了"霸王合同"，我拿过来一看，租期三十年，九十万，分五次付完。我就给砍了，问有钱吗？说有钱。那一次给农民行吗？说行。于是就把合同内容改为一次性给完。我们农民拿那九十万元还能干点事。如果是今年给一点，过几年再给一点，那就啥也干不了，钱花没了，房子等于是白出租了。在我们村所有房屋租金都让一次性给完。

如果合同有霸王条款，要重新写，要站在中间立场写，不偏袒任何人。写完再给我们看。我们还会给一个合同的模板。一定要帮助农民，别让农民吃亏，这是我这些年一直在坚持的。有的村民说还差点租金没给，我去帮着要，说有钱就给我们。为什么农民现在对我的印象好，因为我说话外来人都给点面子。

Q：有没有租户跟业主发生过纠纷？

租房子的时候不会发生纠纷，但改造的时候会有。主要是跟周边邻居发生矛盾，比如碰着人家树了，占着人家场地了，高度超了。出现矛盾后基本上是我们村委会来协调。后来协调太麻烦，后来就商量给点小钱就得了。

他们问租户你们对王书记的评价是什么？租户说王书记没别的，就是跟我要小钱，两千、三千的。后来都明白，能使钱解决的事都是小事，如果给多少钱都不行，就是不让你干，那一下子就完了。所以我老跟他们要点小钱，因为确实是影响了邻居，那给点小钱就得了，两千块钱对农民来说就是大钱。

为什么村里所有外来人跟我关系都好，就是因为我们一直在帮助他们，但是没有任何的索取。这是很多村、很多干部做不到的。

Q：现在租金高了，违约的例子多不多？

真正违约的，一户也没有。最早有一户，那个时候我还没当书记，是2004年以前了。他也是通过村委会帮助他，那时候的规定也模棱两可，他一下子就签了七十年，最后到法院那里判定无效，赔偿了人家三十五万元。

Q：萨洋建设的瓦厂酒店最初是很有影响力的，后来好像遇到一些瓶颈？2049投资集团接手后又有了很大提升？

外国人来北沟村，确实带来很多新的元素，但从长久来看不够稳定。第一，他们不知道什么时候走；第二，他们不是专门做经营的，更多的是个人兴趣和体验，与当地老百姓主要也就是租赁关系。他们确实挣了几年钱，但

2049 集团对瓦厂酒店的并购成为了北沟村发展的又一重要里程碑

是美国人的习惯是挣一个花两个，咱中国人挣钱则是花一个存一个。瓦厂酒店在 2018 年就遇到困境了，萨洋自己都有点没信心了。

2049 投资集团是真正把产业运营起来，把投入的资金逐渐赚回来，还能有点剩余。这就是乡村经营之道。秦（剑锋）书记有资金，有理念，有团队，有技术，关键是讲情怀，重党建，我们很感念秦（剑锋）书记接过来以后又投入改造、扩容和升级。2049 投资集团要是不接手，瓦厂酒店可能都找不到出路和方向了。

2049 投资集团在我们村投入很大，我们就请秦（剑锋）总作为驻村第一书记。当时我们开党建会，我介绍了基本情况以后，秦总说我们在村子里发展，最终就是要给村子发钱。他说得非常质朴，也确实是落实了他的誓言。作为一个外面来的公司，即便再有钱，能在一个村子里投入上亿元，绝对是难能可贵的。

Q：北沟村的发展与您是分不开的。再过几年您也会退休，是否在培养接班人？

已经在培养了，是我们支委之一，30 岁出头，比我当年可年轻多了。我不但要培养一个书记，还要培养一套班子、稳定一个机制。村民房屋的租期都是三十年，我们一届班子最多干五届，这里有一个不小的时间差。我希望能长期保持北沟村的稳定，首先不让外来的那些投资人摔在地上。我把人家请来了，如果接班人不行，最后把人家坑了，那就是大问题了。

女将说

阚冬：前瓦厂酒店主理人、三卅精品民宿创始人。

Q：从接触北沟到投资北沟，中间大约五年的时间，这个过程主要在考虑什么？

我们当时来北沟，跟现在不一样。那个时候是在摸索阶段，我们都没有乡村振兴这个词儿，就是要帮助北沟村。最初的那五年的时间，对北沟村的帮助都在做一些非常基础的事儿。第一反应就是给人家钱、包销栗子等，毕竟这种方式最简单，也是能立马就可以做的。其实对北沟的了解是一个逐步深入的过程。进一步想，这么直接给钱也解决不了根本问题，那我们还能做点什么？

我们花时间和精力，做了大量调研，然后从几个维度来帮助村里。

首先是帮助村里做党建。秦（剑锋）总是最擅长的。从我的角度来讲，主

阚冬

要是帮助村民提高文明程度。王全书记自己也在想，也在做。只有村子自己变得更好，才能引来金凤凰。

第二就是做调研，做战略。秦（剑锋）总请来专业机构，帮助北沟村做产业定位，做规划，形成总体的思路。纲举目张，一开始的那五年时间，主要还是做些思考的事情，战略的事情。

在做战略和思考的过程中就发现，不落地也不行，但也不能一下子就做大事。因为村子毕竟规模不大，空间小，容量小。动静整大了，会有冲突。我说我先帮你们做一个小调整。我觉得村子里头应该有一个门面，吃饭的门面，我就给你弄这个就行了。虽然它是一个小项目，但我们并没有拿它当小事去做，而是很认真，很投入。

我们最初这五年，一边整理思路，一边抓了一个小项目试试水，就是现在的北旮旯餐厅。当时改造北旮旯风情驿站，就在美国获得了一个室内大师奖。特别逗的是，我们的小餐厅是和万科在北京做的一个非常高端的别墅项目一同获奖，而且是同等级的。

那是在 2014、2015 年，正是房地产大规模蓬勃发展的时候。当时很多人嘲笑我们，说你在村里改的一个饭馆，还要拿到国际上去说，很多人就觉得你没有出息。但现在大家都会感慨，这么一件小事你们都做得这么认真。

Q：您在北沟村做的项目，无论大小都设计感极强，您对设计的重视程度也是最高的吧？

在整个北沟村的提档升级过程中，设计师发挥了至关重要的技术作用。我们最初就跟设计单位合作，比如清华的设计院做规划和产业定位，还有日本的一家设计所。现在看到的落地的项目，用的是刘涵晓的设计事务所。

是我先找的他，他的一个室内设计非常吸引我。当时他人在德国，我就让同事跟他取得联系，到上海见了面。我跟他讲，在北京长城边上有一个小村子，是典型的北方农村，我们特别想为这个村子做些事儿。以往的设计师更多是想大拆、大建、大改，但我们认为应该是低调的存在，是和村子融为一体的存在，你怎么想？作为一个设计师，对北方农村不太了解，从没有来过的，又常年在海外，你怎么看？而且我只有三亩地。他说所有的建筑都应该服务于它所在的那个群体，做建筑的人不应该去争夺别人的眼球，所以他特别想尝试一下。这样我就邀请他来了，他和他葡萄牙的伙伴一块儿到村子里看完了以后，非常爽快地答应了，加入这儿来设计。

第一个项目只是一个餐厅。说白了就是一个大棚子，大家可能不相信，我们在餐厅上光装修就花了八十万，设计费和设备购置还都不算，最后整体花了近两百万完成了。我们在北沟村做任何一件事情，绝不糊弄，就是掏出真心地去做。在这一点上我和刘涵晓的价值观一致，就

是非常真诚地去做事。再一个就是他符合我的要求，作为设计师他不去刷
自己的存在感，而是为在这里生活的人群服务，让建筑与自然环境、文化
环境和谐相处。他又有很多的思考和艺术的表达手法在里头。刘涵晓的每

个方案在我这里都是一稿过，每一个作品也都被用户和消费者所喜爱。所以我们能这么多年在北沟长期合作。

Q：整体价值观一致了，但具体落实到设计和执行上，你们如何达成一致呢？

我和刘涵晓的合作有一个默契的分工。刘涵晓在设计时，需要我给一个灵魂，一个主题词。这个灵魂是很关键的，没有这个主题词，刘涵晓是动不了手的。他说这是甲乙方合作时最核心的东西，你想要什么，甲方要提炼出来你要做的这件事情的灵魂。这非常重要。刘涵晓对于抓住这个东西的灵魂，并用建筑艺术的手段呈现出来，是非常擅长的。我们合作得特别愉快。

比如三卅民宿，灵魂是什么？我跟他讲，要做遮风挡雨的大屋檐儿，他就在这个灵魂下构建了三卅这组建筑的样貌。我们达成共识，三卅是村子的一部分，不能喧宾夺主，还要让里面的住宿体验非常好，是很舒适、很洋气、很有城市里的那种体验感，包括味道，这就是三卅的住宿主题。

当时关于北旮旯餐厅的主题，我要那种"锈感"，是一种颜色的调整和改变。当时村里都用彩钢瓦，我要给他们引入一个金属，这个东西叫锈板。你可以看到，现在的北沟村很多都在用红砖、用锈板。

在收购瓦厂酒店后，之前是美国设计师设计的，但它已经老化了，所以要重新设计和改造。我跟他讲，一定要有温度，要多姿多彩，于是就有了现在的瓦厂酒店。

建设瓦美术馆的事，我跟他讲，这代表着新北沟人、新村民的那种力量，代表着新村民的那种审美，代表着新村民的那种态度。于是他设计了瓦美术馆。

所以你自己想要什么，要明确告诉设计师。设计师其实是根据你想要的什么，他用他的语言和他的理解用他最好的方案呈现出来。很多时候其实问题出在甲方身上，比如要求设计师要眼光更长远一点，立意更高一点，理念更深一点，实际上他也不知道他想做什么，更说不清自己想要什么。

Q：在您的带动下，整个北沟村都充满了设计感，每个角落都是琢磨过、设计过的，很有艺术感，关键是不突兀、不乱入，看着特别舒服。

我们所带动的是大家的意识的改变，这是一个全员意识、全域意识。你的建筑是艺术的、美好的、融入村子的，取得了好的效益，根本不用说什么，大家都看在眼里，记在心里，于是都自发地提升审美，追求设计感。在北沟村，即便是道路两旁修护坡，也全用本地河沟里的大石头，而且专门找手艺人去垒，慢工出细活，出来的效果就完全不一样。

有些村子就可能割裂似的，你干你的，我干我的，形成了悬殊的对比。单独看一个建筑还很棒，但都组合在一起，就非常扎眼，没有整体感和设计感。所以要带动整体思想、整体境界的提升。有些人到了村子里以后，带着很多自己的、个性的艺术或者是设计，你看我多野、多棒、多洋气，其实让人感受到的是一种傲慢，根本欣赏不来。这种傲慢形成了对立，就体现在建筑啊、景观啊这些场景上，客人来了看了就会觉得很难受。

现在中央提倡和美乡村，原来是美丽乡村。这个"和美"比"美丽"的含义要更丰富。和就是和谐、和为贵，不突兀，不稀奇古怪，没有很扎眼、很扎人的东西在里边。其实村子本来给人的感觉就是种平和、朴素。北沟村即使是经过了重塑和再造，但这些灵魂内核还是保留住了。

Q：你们收购瓦厂酒店，让它从私人空间变成开放空间，北沟的乡村旅游也进入到一个专业化管理的新阶段。你所倡导的女将文化就有了更好的应用空间。

女将这种提法是从日本开始的。在日本的酒店、酒馆行业里头几乎都有这样的一个女性，跟我们说的老板娘也不太一样。我们所谓的老板娘，更多是精于算计，专注赚钱的。女将更像一个持家的女主人，维持整个家庭的运营。她就是把所有别人看不到、所有别人体验不好，所有有"不"字的地方，都给变成一个正向的，从否定词变成肯定词的这样一个角色。

我在日本调研、交流，对这个女将文化、女将管理很有感触，就把这个方式带到我们的酒店和餐厅管理体系里来。无论是瓦厂酒店还是三卅民宿，都有一个女主理人，一切事儿都跟她相关，一切不成熟的操作和运作，也都和她相关。当这个业务或者流程已经成熟了，流程化了，有人可以接走的时候，她就转为监督和检查的角色。总之，业务环节在未成熟之前，都在她手里进行孵化。

我就是整个北沟村的第一代女将。我培养的女将也要从一个酒店的主理人女将，变成整个北沟村的主理人女将。北沟村整体的一切跟美、艺术、创新，以及与经营相关的东西，都和我有关。无论是我听别人说的，还是没人跟我说但我看见了，我都会去找王全书记，跟他谈有些事儿必须要怎么做，如何改进。因为北沟村就是我的家，我要对家里头负责。

如果一个村子有这样的主理人和责任感，就一定能做好。因为你深度参与嘛，而且方方面面都要参与。这个其实是我们的一个核心，我特别希望把这些东西分享给大家。女将绝对不是老板娘的概念，只想去多挣钱，能够大卖、多卖、卖高价。女将是不一样的，她是一个承载，是去帮助、去引领、去孵化，去维系。她管天管地但绝不硬来，有点像母系社会的女首领。

Q：乡村就是家园，大家来村里就像是回家，女将文化就非常适用。在具体的经营上，您最关注哪些环节。

这个就比较具体了，那就说酒店吧。

第一，环境面貌。只要一进酒店我就查卫生，从一开始至今都是这样。这个事看上去很小，有些人说，你这个登不上大雅之堂，一提酒店管理，你就老说打扫卫生，同事们只要没活干，你就让他们去做卫生。其实我认为，做卫生不是小事，一个是把环境打扫得更整洁，再一个就是修行。你小事不嫌小，小事能一直干，那这个人的境界就是不一样的。

第二，精神面貌。我转悠着看大家的精神面貌。同样是微笑，但笑得正不正常，尴不尴尬，热不热情。通过他们的笑和看我的眼神，我就能知道这些人有没有问题，可能有什么问题。

第三个，媒体面貌。实体酒店运营得怎么样，我们都是有数的。但在媒体、品牌这些方面的面貌，我们是不好把握的。各类媒体、渠道的文字、图片、视频，就是我们的大面貌，是大家在没进酒店之前就能看到的我们的面貌，绝对不能忽视，而且要时时关注，高度重视。

精神面貌、环境面貌和媒体面貌，这就是我关注的最关键的三个事儿。

Q：2049 投资集团有独立的餐饮板块，在北沟村的酒店和民宿里，餐饮这个要素是非常强的，而且成为重要招牌。

我愿意做特别难的事儿。我问过同行和竞争对手，村里头最有挑战的事儿是什么？第一是人才，村里没有专业人才，好的厨师留不住。第二是供应链，人家不给你送食材，菜也就没法弄。你做西餐什么的，光是把食材送

外国友人在瓦厂西餐厅中庆祝

来就很贵了。筛出来的最核心的就是这两个挑战。我说那咱们就干，把最难的事儿给解决了，这不就是解决痛点吗，这不就是互联网思维吗？那就做餐厅、做餐饮，就把好厨师、好食材都弄到北沟村来。

下了这个决心以后，当然也是需要一个过程的。你说引进好厨师，当然肯定是都不愿来。但我们就坚持不懈地去说服，总有能来的。来了以后，大家在这儿被我们的企业文化所感召，被我们高端的客人所吸引，被我们乡村振兴的事业所打动，所以就有了越来越多优秀的厨师。其实什么人才最难，大家认为厨子最难，厨子最难搞，厨子最难招。厨子来，带一个团队来了。待不住，带一个团队走了。在我们公司，就属厨子最多，谁都能下厨做饭。厨子如果在这干的时间长了，我们还让他们轮岗，都得从后厨到前厅去，还得管商务，要求是很高的。

我们的人才其实是两个体系。除了外来的这些人，还有村子里头的人。一方面培养和教育本村的人，一方面从外部引进优秀的人。这两个体系我们做得都是挺棒的。来自本村的同事超过了一半，有的在这儿工作了十几年。有五个同事在瓦厂酒店工作了十年以上。我们接手酒店后，实施的是稳定的企业管理体制，绩效管理、培训、晋升制度都非常规范，员工们也都有了自己的职业规划。

Q：北沟村并不大，但你们的投资是渐进的、审慎的，经过深思熟虑的。

很多村子的条件很好，但怎么盖别墅，过的依然是农村的生活。我们虽然不大拆大改，但把城里的生活方式，现代化的生活方式，包括语言体系、思维方式、资源和人脉，都带到了这个村子里头。其实是用生活方式来感染村民，推动大家有意识地提高自己、整体改善。来这里的客人也觉得，并没有生活水平的差距，跟在城里的一样，反而带来惊喜。

其他很多地方搞乡村建设不是这种理念，其实还是心态和姿态问题，高高在上，我是城里来的，我是大企业，我是来扶贫的，这个不好，那个太差，我要推倒这个，我要重建那个……不像我们，是一种平等、融入的心态。只有敬畏自然，尊重乡村，保持平常的心态，才能发现乡村的真正价值，找到自己的定位，然后努力去实现它。

③

老村民说

女主厨：宋翠红

Q：您是瓦厂的老员工了，对当初来村里的外国人有什么印象？

以前北沟村没有什么企业，收入都是靠山上的那些果树，栗子树、核桃树。以前还有水果树，后来都旱死了。基本上算是靠天吃饭吧。村里的人都去山外打工了。我也是在外打工了几年，后来是家里边有老人，老人身体不方便，得轮班赡养，我就回来了。

回来以后没有工作，也得想办法。当时旧的瓦厂破破烂烂的，就是烧瓦的窑，到处是木头、土、锯末、泥，我是不愿意去的。后来国家治理环境，不让烧制窑，就废弃了。当时老外要租用瓦厂建一个酒店，我就觉得这会对我们村是一个带动，最起码环境变好了，也能给我们创造就业机会。他不可能千里迢迢地从外头带工作人员，或者说天南地北调一些工作人员，那样人力成本肯定也高，肯定是就地取材的，而且这是一个固定的收入，也是唯一的一个就业机会，所以当时直接就过来了。

当时也是有好多人跟老外学，有的坚持下来了，有的是没坚持下来。外国人比较看重工作效率和职责划分，上班 8 个小时要充分利用。我们这些农村的妇女，不像城里的上过工厂班的，都懒散惯了，好多都是不能适应这个工作的，慢慢就走了。我反正是干一行爱一行，一干就是十来年，就没换过工作。

来这里觉得这个西餐特别好，我一定要学会，很喜欢这个工作，就磕磕绊绊地学下来了。老外刚来的时候不会中文，要求又非常严格。我们要吃饭的时候他翻冰箱，瞅着冰箱乱了，食物没有日期，立刻就给扔出来，你不能吃饭就赶紧收拾。经常吃不上饭，哭了好多回鼻子，或者是饿一天，这种情况都有。反正是一直坚持学下来了，跟老外的关系也融洽了，获得了他的认可和信任。

Q：您这么多年坚持下来，提升了自己，也转变了身份和人生轨迹。

我自己的心境，待人处世，对生活的态度，都发生了转变。期间有好多离职的，我也因为一些事要离职。那时候工作强度大，工资也不高，经常加班，我提了一次离职。当时老板对我说，我觉得你不像是一个在懒散的工作中浑浑噩噩混日子的人。他这句话虽然是有他的私心在里边，但我当时反省我确实不想那样得过且过地混日子，现在工作虽然很累，但每天对我的人生都是一种挑战，都有创新，一是我能学着东西，二是对自己的极限、

工作中的宋翠红

毅力就是一个锻炼和提高。于是就坚持下来了，也改变了我的人生。

这十来年干下来，我职位升高了，工资也提高了。周围村里边的人，亲戚朋友，对你的态度也改变了。他们看到了你的成长，对我有一份尊重。一提起来可了不得，挣那么多钱，还是厨师长。虽然你当时说的时候你不觉得，但是心里也有一种窃喜。别人对你认可，心里是有那种窃喜和骄傲的。

Q：对照您的经历，您对其他村民参与乡村振兴有什么建议？

就是不能懒惰，不能停滞，不能陷在以前的那种思维方式里，收一点钱，卖一点地，出租几间房子，得过且过。你必须参与其中，跟着成长。我觉得人都需要机遇。无论是从技能方面，还是为长远打算，人生的发展，都要参与其中，要一起成长，要跟上时代的脚步。

现在再回过头来看，当时老外对我们的要求，没有一样不是对的。只有那样高标准，严要求，你做出来的菜品，卫生质量才能达到那个品质。你要学好，就必须得知道最高标准是什么，哪怕说你以后再降低点标准，都不会差到哪儿去，但是你学的时候一定要学最高标准。

Q：其实对一个村子，大的机遇也是不多见的，可遇而不可求。

2049投资集团对北沟村的帮助是显而易见的，就是最大的机遇，已经带动几乎整个村都参与其中，都跟着成长。村民跟集团不是一种对立的态度，没有认为你是来抢我的东西，或者说来占我的便宜，而是觉得你是来帮助我，影响我的。村民素质也提高了，见到外人都会打招呼，对住别墅的客人和蔼可亲。还对自己的房子也做了改造，吸引一些游客。大家整体的心劲儿，还有大的环境，都是积极向上的，都是跟着想一起发展的，一起改变北沟，改变自己。

Q：村里还有其他人像您一样坚持了好多年的吗？

有本村的几个，在客房部，干了十年了。还有来自附近别的村的，干了八九年的，也有十来年的。因为瓦厂酒店是一个带头的品牌，大家在这里工作相对稳定，工作环境又非常舒适，都觉得是一个好的工作，所以会一直坚持这么多年。

算上小时工，瓦厂酒店最多的时候有七八十人在这里工作，解决了很多就业，你像保洁的、维修的，还有厨房的，以及司机，都是当地的。最多的时候 70% 都是村民，只有少数高层管理是从外边来的。

Q：在瓦厂有工作经历的还是很受欢迎的吧。

别处都抢着要，都挖墙脚，就是多给点也愿意挖过去。甚至于在我们这儿干过的小时工在别处都特别受欢迎。因为在这里要求高，工作人员的素质也高，一到别处，他干出来的跟别人干的不一样，无论是工作质量还是工作效率，都特别高。所以瓦厂就是一个标杆。

后来不在这儿干的一些员工，坚持不下来的员工，还有包括小时工，也都到周边的一些民宿、酒店那边去干了，其实也是人才输出。

Q：一定也有人挖过您，您是怎么考虑的？

有。有个同事让跟他一块儿干去，说工作特别好。他们以前也有在这儿客座过的一些厨师，觉得我工作态度、敬业精神都特别好，说给他当助手或者一块儿去干。

当然我没去。首先我觉得人家邀请证明人家看得起你，是对你的一个认可，但这儿离我家近，这是一个主要因素。第二，我也是热爱瓦厂这个地方。其实瓦厂不是光给了我这一份工作，对我的后代，对我的女儿，对我女儿的孩子都是有影响的。瓦厂越建越好，将来我女儿的生活环境也会越来越好，它把这个村带动得越来越好，对我的子孙后代都是一种滋养，都是一种帮助，所以我在这里干我也是为我的子孙造福。我就是这样想的。

Q：2049 投资集团跟之前的萨洋在瓦厂酒店经营上有哪些差别？

萨洋是最早建这个酒店的人，但他对村里面的影响不是特别大，不像 2049 投资集团这么大。外国人他主要就是自己受益，多少给村里边一点，相对创造一个好的生存环境，就是这样。它没有惠及全村，对这个地方是有影响，但是没有这种感情，没有这种长远的考虑，人家也没有必要。

但是 2049 投资集团收购以来，秦总、阚总就是拿咱村子当家一样，有家国情怀。他就是想把北沟建成特别好的，能惠及子孙的。这种态度我们能感觉到。要是没有 2049 投资集团来建了三卅、北旮旯和瓦美术馆，接手改造了瓦厂，投入这么多，北沟村不会这么火，也绝对不会有现在这么大的影响。

Q: 村子的主人还是村民，如果不配合、不支持、不参与，外来企业也做不成。

光靠村里面的力量不可能把这个村建这么好，也不可能造成这么大的名气和影响。只有借助外来的力量，你再参与其中，才能越建越好。这么好的地方，你自己生活，别人也受不到利。你能得到利益，那就举双手赞成，然后再参与其中。

Q：村民都主动维护这个好环境、好局面。

原来我们每周都有一次学习弟子规，了解传统文化。村委会来组织，从书记到党员，带头学，就是让你邻里和谐，学着怎么谦让，怎么友好待客，慢慢渗透。以前有吵架的，有乱扔乱放的，村干部一说还跟人吵一顿，闹一顿。现在只要一说，甚至不说，他自己都能意识到这种行为是不好的，毁坏了环境，马上就改。

在这个好环境里大家都觉得很舒服。这个改变确实不容易，改变以后大家都要好。要是从很好的状态再往回走，你就不舒服，形成习惯之后反而就回不去了。这就是习惯成自然吧。

长城的精神鼓励着每一个中国人

新村民说

男主厨：赵钱树

Q：您是专业人士了，您是怎么来这里工作的？

我来之前做了八年的酒店餐饮，那会儿还没做到主厨，做到了主管。2019年应聘到了三卅。那会儿就感觉市里工作节奏太快了，就想到北京周边的郊区来工作，换个环境，换个活法。

Q：大部分乡村旅游都是进农家乐，吃农家菜，您是做酒店餐饮出身，来这儿肯定也冒一定风险。

这的确是一种冒险。但主厨最喜欢的就是这种挑战，包括现在我招的主厨也是这样，他就想把当地村民打造成自己能用的厨房里的骨干，这与厨师学校里毕业带出来的不同，会有很大的成就感。

赵钱树

Q：高端客人来休闲度假，吃的不要求像城里那么丰盛，但对品质、特色的要求依然很高，你们在这方面是什么导向？

乡村酒店的餐饮跟商务酒店的餐饮最大的区别，就是你去酒店吃菜可能是没有温度的，出餐要按照标准，流程化的东西太多了，它的温度也就达不到，香气也大打折扣。餐饮在偏商务的时候，就容易失去菜本身的感觉。当然乡村餐饮也依然有标准化的东西，但是允许厨子有个人的发挥，或者更自由一些，可以做一些很有特色的菜，一些结合当地食材的东西。

我们选用的食材都是高端的。比如越南粉的汤底不是调兑的，而是用骨头经过12个小时熬制，牛肉都用安格斯的，300到400元一公斤，一片肉就得十几块。我们做潮汕牛筋丸，全是手打，一个丸子成本就四、五块钱。

我们这儿的创新研发也非常快，一点也不比五星酒店差，我觉得可能比那儿还快。来这儿客人能享受到跟酒店不一样的风味，比如定制的东西特别多。不管是住宿、交通、会场都能定制，一直到餐饮定制。你在酒店里面，说想在露台上用餐，这是不允许的。但在这儿你想在哪儿吃饭，我们都允许，而且会服务到位。

Q: 与其他乡村酒店、民宿相比，你们对餐饮的投入明显更大。

我们背靠长城，有这么大的品牌效应。好多外国人和团队经常在我们这儿用餐。还有一些单独的不成团的外国游客，会连住带吃都在这儿。有餐饮当然能带动其他业务，增加整体营收。

我们对餐饮的配套是服务项目的第一大项。餐饮在我们整个酒店收入里边占45%左右，是非常高的。如果没有餐饮的话，整个服务项目其实就只有房了。规模小的民宿不可能配餐饮，因为餐饮是最费人力的。比如厨师的技术、工资水平，比其他岗位的人都要高。我们这儿餐饮员工的比例超过 40%，在旺季还要增加临时用工才能满足要求。还有对物流、配送、健康、卫生等要求，门槛要比纯住宿或者以住宿为主的民宿高很多。

餐饮不是你临时组建个团队就能行的，它需要长时间的积累，形成风格，保持味道，不断研发，不断更新，才能立足和生存下去。

Q：你们的餐饮也会走出去吧？

我们现在都是双厨师长，做好人员储备，时刻准备走出去。集团经营过川菜、日料、越南菜以及火锅中餐等品类的餐厅，本身就有充足的人才储备。现在我们几个菜系的厨师长都还在一个餐厅里，将来肯定是要往外分的，先储备在这儿。

餐饮是我们的特长，也是下一步输出的一个王牌。现在很多民宿是不做餐饮的，你能做好他反而非常赞成。因为他只要做好自己的住宿就 OK 了。他会把你这儿作为他的配套，还会帮你推客人。

Q：你们现在跟北沟的其他民宿是个什么模式？

现在北沟的村民还有民宿，对外宣传都少不了我们。说我们北沟村有

工作中的赵钱树

咖啡厅、酒吧，有西餐厅、越南菜、铜锅涮肉，这是周边所有的村子里都没有的。其实他宣传的这些餐饮设施都是我们的，他会把客人推给我们，他对外宣传也用，他就不用自己再做并不擅长的餐饮配套了。我们的餐饮业务其实是全村共享的。

Q：你们在特色菜研发方面有哪些经验和案例？

我们的团队是一个季度做一次研发。有特定的季度菜。每年会换一次菜单。我们也出去学习、考察，回来结合本地的食材进行研发。

瓦厂西餐厅有一道菜叫烟熏虹鳟鱼。这本来是烟熏三文鱼的做法。我们去山上采松枝，用来熏当地产的虹鳟鱼。虹鳟鱼就来自隔壁村，现杀现做。用当地的松枝和当地的鱼，采用西式做法，熏上之后再配上西式的酱汁，就是一道创新的融合菜。

针对一些家庭亲子的需求，我们在周末一般都有参与性的美食制作活动，比如带孩子做牛轧糖，做冰激凌，做饼干，做蛋糕。计划增加内容，带孩子们学做一、两道简单的菜。

Q：你们员工结构是个什么情况？

当地的村民是最稳定的。他家在这儿，轻易不会走，所以是一个中坚力量，目前占到的比例是40%。外边引进的高端人才，比如技术工种，这是当地村民替代不了的，这个至少要占20%。还有20%左右是临时性的，比如暑假工、学生实习等。

这里面村民是一个基本盘，我们尽量多吸纳一些村民就业，成本低，但专业技术还是弱。所以培训是我们人力的第一大事，除了招人就是培训。我们在每年3月份会做一个统培，整个月都是培训，因为它处于一个最淡季。

即使在最淡季的时候我们也没有放松，比平时还要忙，有全员培训，针对新员工的入职培训，老员工的技能培训，主要是这几大类。平日

瓦厂西餐厅烟熏虹鳟鱼照片

还有日常培训，即便是老员工也有提升的空间。

Q：对本村从业者的标准和要求是否可以降低点？

这个是绝对不能的。第一，我们用 20% 专业技术人员带剩余的 60%，村民得靠带动。第二，村民在我这儿上班是有自豪感的，想进瓦厂和三卅也不容易。就这么多岗位，不是谁都能来。他有荣誉感，也有压力和动力，想把工作干好，你教技能的时候他很愿意学。

而且我们这儿的企业管理是成体系的，有规范的制度和标准，跟私人民宿是不一样。大家都拥护，都遵守。

Q：同一个餐厅和后厨，能同时烹饪多个菜系，这是怎么做到的？

我们几个菜系的厨师长在同一个厨房，稳定性反而更好。为什么？因为有互相学习的机会。厨师长一般都不年轻了，互相学习的欲望很强。我们这儿厨师长跟市里边厨师长最大的区别，就是没脾气。我也是星级酒店出来的。我们这儿永远是客人优先，一切要求全部满足，如果客人要求，我们可以把三个菜系组合到一个餐桌上给客人享用。这要是在星级酒店里，厨师长肯定是不会允许的。

说到底，我们会按照客人的需求来。但要有基本功，真本事，客人提出来，你能接得住。我们能同时操作五个以上的菜系，灵活、兼容、柔性，是我们的一个独特优势。

后　记

我在国有企业工作过，然后到北京团市委、市政府工作。在 20 世纪 90 年代末，离开机关，下海办企业至今。回顾下来，主要做了三个事情。

第一个是在非公党建方面做出了成功案例。进入企业后，我是北京叶氏集团的总裁，同时担任叶青大厦党委书记。叶青大厦成立商务楼宇党委，这在北京市、在全国都是一个创新。我们非公党建和统战工作走在了前列，得到了北京市和中央的认可。成立党委以后，我们提出了一个服务导向的口号：有事找党委。无论党员，还是群众，或者是大厦里的企业，遇到困难都可以找党委。这种服务模式体现了我们党建工作的核心价值观，就是将服务群众、服务企业作为党建工作的出发点和落脚点。通过党建创新、党建引领，我们成功创建了商务楼宇党建的新模式，为北京市乃至全国的非公党建工作树立了标杆。实际上我们搞乡村发展也是提供服务，要考虑老百姓的切身利益。如果我们做的一切和老百姓利益是相互分割的，老百姓肯定不支持你，不拥护你，你在村子不可能扎根，不可能真正地发展起来。

第二个是参与乡村振兴。企业发展了，有了一定的实力，不能只考虑自身，还要为社会做贡献。把农村建设好，实现农村现代化，是一项非常艰巨的重要工作。不仅是在中国，也是一个世界性的课题。2007

年，我们到北沟村，应上级党组织要求，到基层搞扶贫，结对子。刚开始的时候想用简单的方法，帮老百姓解决一些实际问题。但发现想得简单了，授之以鱼不如授之以渔，共同富裕得共同努力、共同劳动、共同创造才能持续。怎么办？我们就开始做规划。围绕长城，瞄准中高端市场，发展休闲度假产业。先后做了三次规划。以规划为基础，发展思路就不走偏。随后就有了民宿和乡村酒店集群。在这一过程中，我们总结出了"北沟模式"，即依托当地特色资源，通过科学规划和发展休闲度假产业，带动村民增收致富。同时，我们还探索出了"三卅机制"，即在民宿和乡村酒店的管理和运营中，注重提升服务品质、优化游客体验，并通过集约化经营实现效益最大化。

第三是探索与国有企业新型混改公司的合作模式——北京电子数智科技有限责任公司。北电数"智是由"北京电控集团联合 2049 投资集团、北京京国管基金和北京金融控股集团等共同组建的一家混合所有制企业，旨在成为一家提供规模化先进智算算力、AI 云及 AI 转型服务的高科技企业。在与北京电控集团的紧密合作中，我们在探索混合所有制企业的市场化运作机制、体制改革以及管理机制创新等方面，进行了一系列大胆的探索与实践。同时，也非常看重高科技人才的培育、引进与使用，以及职业经理人队伍的构建，推动其在创新、创造方面发挥最大效能，实现人才与企业的共同发展。

作为北沟村驻村第一书记，实际上就是干了产业规划、党建引领、村民教育、产业导入这些事。看上去都是面上的事，其实都是实打实的工作。在 20 年乡村振兴实践基础上，加上多年来自己的思考，形成这本书。

感谢王全书记。在村企合作中，企业是外来者，村民是主人，村委书记扮演着至关重要的角色。王全书记不偏不倚，不卑不亢，不回避问题，敢于且善于解决问题，达到最好的效果，赢得了所有人的尊敬和拥护。作为驻村第一书记，我能跟王全书记搭档十余年，是人生之幸，事业之幸。

感谢魏小安老师。魏老师跟我的经历有相似之处，坐过机关，搞过科研，也懂企业，有很多共同语言。他多次到北沟村指导，每次畅谈交流，都酣畅淋漓，尽兴而归。我学习了很多，不仅仅是在专业上受教，一些思想认识也得以升华。本书中的很多观点就直接来自魏老师。

感谢萨洋先生。他是北沟最早的"洋村民"，瓦厂酒店的创始人。我接手瓦厂酒店时，也吸纳了他在设计、运营和管理上的很多理念和方法。他对北沟村有深厚的感情，一直是北沟村的义务宣传员。

感谢阚冬女士。她是 2049 投资集团不可或缺的"灵魂人物"，熟悉北沟村的角角落落。从想法到实现，她带领团队创造了三卅精品民宿、北旮旯涮肉、新瓦厂酒店和瓦美术馆等标志性建筑。

感谢北沟村的村民。我到北沟村，最吸引我的就是村民的朴实、友善、开放。他们对家园的依恋和忠诚，对北京和长城的热爱，是中国绝大多数乡村的缩影，深深感动了我。2049投资集团在北沟村的项目和作品，是与村民共同完成的，相辅相成，缺一不可。

感谢2049投资集团的员工。毫无疑问，他们是北沟实践的缔造者，是本书不署名的作者。

最后，感谢出版社。

理论是相对稳定的，实践是动态演变的。很多事情依然在探索，结果依然会调整。荀子《修身》云：道虽迩，不行不至；事虽小，不为不成。既然已经启程，那就坚定不移地走下去。

再详细的文字，再清晰的图片，再全面的阐述，都不能真实反映北沟村的美丽与美好。欢迎大家到北沟村做客、交流，一起守望长城，在中国乡村的大地上，书写振兴的诗篇，增添幸福的力量！

秦剑锋

2024年7月于北沟村三卅民宿